中国式现代化视域下乡村振兴策略研究

文学禹 著

中国纺织出版社有限公司

内 容 提 要

实施乡村振兴战略，推进农业农村现代化，是全面建设社会主义现代化国家、实现中华民族伟大复兴的重要内容和底线任务，是中国式现代化的重要组成部分。本书在大历史观和世界视野下探讨中国式现代化的理论定位，通过对现代化发展模式的历史透视与横向对比给出中国式现代化的科学内涵。在此基础上，本书结合乡村振兴战略的理论意蕴，探寻推进农民现代化的中国式现代化的乡村振兴道路，进而确保乡村全面振兴与全面建设社会主义现代化国家同频共振、同步前进。

图书在版编目（CIP）数据

中国式现代化视域下乡村振兴策略研究 / 文学禹著. -- 北京：中国纺织出版社有限公司，2023.10
ISBN 978-7-5229-0805-2

Ⅰ. ①中… Ⅱ. ①文… Ⅲ. ①农村－社会主义建设－研究－中国②农村现代化－研究－中国 Ⅳ. ①F320.3

中国国家版本馆 CIP 数据核字（2023）第 143962 号

责任编辑：邢雅鑫　　责任校对：高　涵　　责任印制：储志伟

中国纺织出版社有限公司出版发行
地址：北京市朝阳区百子湾东里 A407 号楼　邮政编码：100124
销售电话：010—67004422　传真：010—87155801
http://www.c-textilep.com
中国纺织出版社天猫旗舰店
官方微博 http://weibo.com/2119887771
天津千鹤文化传播有限公司印刷　各地新华书店经销
2023 年 10 月第 1 版第 1 次印刷
开本：710×1000　1/16　印张：12
字数：194 千字　定价：89.90 元

凡购本书，如有缺页、倒页、脱页，由本社图书营销中心调换

前　言

中国式现代化视野下的乡村振兴，是"三农"工作重心历史性转移的时代要求，是农业农村现代化动能转换的现实需要，是中国特色社会主义发展道路的必然选择。坚持中国共产党的全面领导，有效发挥人民群众的主体作用，以改革创新破解发展障碍，注重制度化体系建构和完善，为中国式现代化进程中的乡村振兴提供了强大动力。以中国式现代化为引领全面推进乡村振兴，要突出守好两条底线、探索共富发展机制、扎实推进乡村建设、改进完善乡村治理。

本书首先阐释了中国式现代化的内涵与特质，内容包括中国式现代化的生成逻辑、中国式现代化的属性及要求、中国式现代化的理论特质、中国式现代化的推进意义；进而剖析中国式现代化的基本内容，即人民立场、和谐共生、共同富裕、和平发展、协调发展；接着探讨了乡村振兴战略理论与全面推进，在此基础上研究了中国式现代化视域下乡村振兴战略的理论逻辑及实践路径，最后通过分析乡村振兴战略面临的突出挑战与关键议题，探索了中国式现代化视域下乡村振兴战略的发展方向。

全书在内容布局、逻辑结构、理论创新诸方面都有自己的独到之处，注重理论与实践的结合，有助于实务工作者进一步思考和探讨相关知识在日常工作中的应用，是一本值得学习研究的著作。

本书在写作过程中，得到了许多专家、学者的帮助和指导，在此表示诚挚的谢意。由于笔者水平有限，加之时间仓促，书中所涉及的内容难免有疏漏之处，希望各位读者多提宝贵的意见，以便笔者进一步修改，使之更加完善。

目 录

第一章 中国式现代化的内涵与特质 …… 1
- 第一节 中国式现代化的生成逻辑 …… 1
- 第二节 中国式现代化的属性及要求 …… 9
- 第三节 中国式现代化的理论特质 …… 12
- 第四节 中国式现代化的推进意义 …… 15

第二章 中国式现代化的基本内容 …… 22
- 第一节 本质内涵——人民立场 …… 22
- 第二节 内在品质——和谐共生 …… 24
- 第三节 目标追求——共同富裕 …… 27
- 第四节 发展过程——和平发展 …… 30
- 第五节 方法举措——协调发展 …… 33

第三章 乡村振兴战略理论与全面推进 …… 38
- 第一节 乡村振兴战略的现实基础 …… 38
- 第二节 乡村振兴战略的理论指导 …… 49
- 第三节 乡村振兴战略的内容及要求 …… 61
- 第四节 乡村振兴战略的全面推进 …… 76

第四章 中国式现代化视域下乡村振兴战略的理论逻辑 …… 80
- 第一节 中国式现代化与乡村振兴战略的联系 …… 80
- 第二节 中国式现代化进程中乡村振兴的动力机制 …… 83
- 第三节 中国式现代化视域下推进乡村振兴的时代价值 …… 87

第五章 中国式现代化视域下乡村振兴战略的实践路径 …… 93
- 第一节 中国式现代化视域下的乡村文化振兴 …… 93
- 第二节 中国式现代化视域下的乡村教育振兴 …… 100

第三节　中国式现代化视域下的乡村旅游振兴……………… 112
　　第四节　中国式现代化视域下的乡村有效治理……………… 129

第六章　中国式现代化视域下乡村振兴战略的发展方向……… 155
　　第一节　乡村振兴战略面临的突出挑战与关键议题………… 155
　　第二节　中国式现代化视域下的农民现代化推进…………… 158
　　第三节　中国式现代化视域下的乡村农业发展探微………… 162
　　第四节　中国式现代化视域下乡村振兴促进共同富裕……… 170

参考文献……………………………………………………………… 182

第一章　中国式现代化的内涵与特质

第一节　中国式现代化的生成逻辑

中国式现代化是依据中国现代化发展的实践基础和阶段性任务以及世界现代化发展的历史性趋势，继承中华民族传统文化哲学智慧、坚持马克思主义先进理论、赓续历代领导集体现代化发展思想基础上形成，并在新时代集中表现为全面建设社会主义现代化国家的一种全新人类现代化发展模式。中国式现代化的形成有其必然逻辑。从理论维度看，它是中华优秀传统文化价值的当代发展，是马克思主义唯物史观的当代呈现，是马克思主义中国化的当代创举。从历史维度来看，它是沿着实现中华民族伟大复兴历史轴线，致力于实现社会主义现代化的使命所致。从实践维度看，它是借鉴世界现代化第一梯队经验，不断超越自我、追赶先进，逐步实现站起来、富起来、强起来的必然结果。

一、中国式现代化的理论逻辑

中华优秀传统文化具有内在的人文主义、具体的理性主义、生机性的自然主义，以及自我修养的实效主义等品格，这些优秀品格潜移默化影响着中国式现代化的价值取向。马克思主义唯物史观给予了中国式现代化道路选择、价值原则、目标规划等最深层次的理论指导。中国共产党在积极借鉴吸收国内外关于现代化发展方式、实现途径、价值评判等方面的有益成果基础上，以高度的理论自觉，不断推动现代化理论创造性转化和创新性发展。

（一）理论基点：中华优秀传统文化

当代中国制度文化内核之建构，离不开传统文化精髓的滋养。"[1]在五千年历史长河中，中华民族积淀的生存经验、生活智慧，让中华民族坚定地屹立在世界东方，延绵不绝。得益于这片沃土的滋养，中国式现代化的

---

[1] 管宁.人类文明新形态的民族文化叙事——中国式现代化新道路的文化旨归[J].学习与探索，2021（9）：2，10-21.

纵横捭阖尽显中国特色、中国智慧和中国温度。纵览中国的发展方略，流淌在中华民族血液中的文化基因无疑是中国式现代化的理论基点。

首先，自古以来中国人民对无等级、无压迫的"大同"社会的向往流露在历史的每一个瞬间。故而当号召推翻阶级统治，建立一个没有剥削、没有压迫、人人自由全面发展的马克思主义出现在面前时，中华民族很快便与这个似曾相识的伟大理论携手同行，并在开启现代化的历史抉择中毅然选择社会主义道路。

其次，中国古代思想体系始终将"人"居于天地四方的中心，始终把人的现实生活作为宇宙时空、社会秩序、个人存在、名与实的最终归宿。天地之间，人最尊贵。"恤民安邦"更是历朝历代治国的基本思想。这深深影响了当代中国式现代化建设的价值取向，让中国式现代化能够始终站在人民立场把握历史发展大势。

再次，中国哲学具有"见贤思齐"的观念，推崇"他山之石，可以攻玉"的学习态度，反对"攻乎异端"，强调和生与共生[1]，讲究阴阳合璧、求同存异。这样的哲学传统对中国式现代化的影响就体现在拥有把"二"看成"三"的"第三种"选择智慧，即在"落后"和"既有模式"之间选择既要追求先进，也不依附"既有模式"。

最后，中国传统文化独特的通"大本"、求"达道"的境界追求，强调和谐共生、万物一体。在这样的文化背景中，中国式现代化从伊始便不是只关注自身发展的狭隘的民族式模式，而是以心系天下的情怀和责任担当，积极参与处理国际关系和解决人类共同问题，尽显担当精神与世界情怀。

（二）理论遵循：马克思主义唯物史观

马克思曾在《资本论》中揭示现代化的必然趋势，指出工业较发达的国家向工业较不发达的国家所显示的，只是后者未来的景象。[2]中国的现代化建设正是在此基础上，既充分尊重现代化发展历史，又充分考虑现实国情基础上，追赶最新现代化文明成果的趋势性存在。

首先，中国式现代化始终遵循社会存在决定社会意识的基本理论逻辑。一方面，在不同的历史时期，以我国客观的经济社会"存在"为依据，因地制宜、审时度势、实事求是地制定并完善现代化制度和政策。同时，总

---

[1] 罗兴刚，成中英."世界哲学"的本体诠释——中国哲学的世界性与世界化[J].晋阳学刊，2020（5）：3-9.
[2] 马克思.资本论[M].北京：人民出版社，2004.

能以唯物辩证法的方法论自觉、及时总结经验，自觉跳出教条主义和主观主义。总能着眼新问题，不断完善现代化建设布局，纠偏现代化建设价值立场。可以说，中国式现代化已开辟出一条以"实事求是"为根本思维特质的现代化之路。另一方面，中国式现代化深刻体现了社会意识对社会存在的反作用，在现代化建设顶层设计上精耕细作。无论是20世纪50年代优先发展重工业，还是提出"四个现代化"，抑或实行改革开放建立社会主义市场经济体制，又或全面深化改革构建双循环新发展格局，每一次对现代化顶层设计上的调整，均是对现代化建设客观存在发生质变的殷切期待。故而，中国式现代化才能做到，凡是有助于推动中国健康发展和世界和平事业的积极因素，都融入中国现代化发展的布局。既大胆超越西方现代化理论和方法，又充分吸收中华文明智慧，一系列新理念和新战略也不断改变着世人对现代化的传统认知。

其次，中国式现代化始终坚持社会基本矛盾理论。中国各个历史时期的现代化战略布局，均是围绕解决当时或当下的社会主要矛盾展开。三年国民经济恢复期结束后，为实现新民主主义社会向社会主义社会的顺利过渡，我们党提出了以逐步实现社会主义工业化为主体的过渡时期总路线。中国式现代化的实际进程也由此开始。社会主义基本制度确立以后，为解决人民对于建立先进的工业国的要求同落后的农业国的现实之间的矛盾，中华人民共和国开始聚焦农业、工业、国防和科学技术进行多维思考，"四个现代化"应时而出。党的十一届三中全会以后，围绕解决人民日益增长的物质文化需要同落后的社会生产之间的矛盾，"小康社会"目标历史性登场。中国特色社会主义进入新时代，人民日益增长的美好生活需要和不平衡不充分的发展之间的矛盾，成为当下中国社会的主要矛盾，为了解决这个矛盾，我们党提出"全面建设社会主义现代化国家"方略，不断推动"五位一体"总体布局、"四个全面"战略布局、两个大局、国内国际双循环新发展格局等一系列新理念新战略实践性转化，推动我国现代化朝着"全面"的方向迈进。可以说，社会基本矛盾理论是中国式现代化能否在历史主线上健康发展的决定性理论，这个理论坚持得好，中国式现代化就能少走弯路。反之不然。

最后，中国式现代化始终秉持人民群众是历史的创造者的基本原理。"全体人民共同富裕的现代化"定位，让中国式现代化高度关注人民群众在现代化进程中的共建共享。一方面，中国式现代化充分肯定人民群众的历史主体地位，善于在建设中充分挖掘其智慧和力量。在不同的历史时期，中国式现代化始终将人民群众看作建设的"根本力量"予以肯定和挖掘。

另一方面，中国式现代化归根结底是实现人的现代化，因此致力于实现最广大人民群众的根本利益。中国式现代化不仅坚持发展依靠人民，更坚持发展为了人民，把人民群众对美好生活的向往作为奋斗目标，在建设中不断提升人民群众的获得感、幸福感。

（三）理论指南：毛泽东工业化思想和"分步走"战略

中国共产党在百年现代化探索中，逐步把马克思主义理论内化为契合中国国情和时代发展的思想武器，形成了独具中国特色的现代化建设方略，并成为引领中国由传统社会向现代社会转换的最直接的理论指导。一方面，中国共产党人在探索工业化实现方式上经过多次尝试和探索，最终形成了"以农业为基础，以工业为主导，以农、轻、重为序"的工业化思想。这成为指导中国实现工业化的最佳理论方案，也是中国式现代化平衡协调发展的理论来源。值得关切的是，在探索工业化道路过程中我国始终坚持社会主义方向、强国目标、富民原则。这三个准则从根本上规定了中国式现代化的前进方向、目标追求和价值遵循。另一方面，"分步走"发展战略为中国式现代化提供了清晰的实践路径。20世纪50年代，建设四个现代化的社会主义强国口号已汇聚初步共识。1964年中华人民共和国第三届全国人民代表大会第一次会议提出"两步走"的现代化战略。改革开放以来，在党的全面领导和稳定的国内环境下，中国式现代化从"两步走"到"三步走"，再到"新三步走"，实现了"分步走"发展战略的从无到有、从简到详的完整体系。"分步走"发展战略科学地划分了中国式现代化发展阶段，并依据不同阶段的具体特征制定了符合国情的指标体系，细化了远景目标，明确了当下任务，引领着中国式现代化建设的历史航向。

二、中国式现代化的历史逻辑

中国式现代化是历史变迁的产物，它肇始于19世纪中叶的外族入侵，启动于1949年中华人民共和国成立，迅速发展于1978年后的新时期，党的十八大以后更加成熟定型。党的二十大报告中强调，中国共产党的中心任务就是团结带领全国各族人民全面建成社会主义现代化强国、实现第二个百年奋斗目标，以中国式现代化全面推进中华民族伟大复兴。

中华文明的烙印是其最显著的民族特色。近代以来，争取民族独立，谋求民族复兴，探索国家富强的一系列历史条件和成功经验，构成了中国式现代化的历史逻辑。

（一）批判性吸收现代文明成果的必然结果

中国式现代化是立足中华文化历史底色，批判吸收现代文明成果的结果。从中国现代化的特殊性进行分析，中华文明沉淀的价值、智慧，为中国特色社会主义现代化提供了独特资源。正是这些资源，汇聚了中国现代化从跟跑者转向并跑者甚至领跑者的最根本的历史底蕴，也成就了中国式现代化道路从特殊走向一般。中国式现代化是基于本国文化及西方经验而创新发展和引领推动的，并非简单地完全抛弃或"拿来"西方的全部文化。

中国式现代化道路的独特品质是社会主义，走的是内生增长、合作共赢和可持续增长型的现代化发展道路。中国式现代化在充分承认、吸收、借鉴人类文明积累的一切积极成果基础上，克服西方现代化局限和弊端，致力于人的解放，始终坚持"以人民为中心"，不断用实践丰富和发展现代化理论。这实际上告诉世界，中国的现代化没有照搬西方现代化，而是依据国情持续创新，从价值立场到价值审视再到价值构建，明确了现代化中国方案与西方现代化模式的根本区别，实现了对现代化价值理念的重构。

（二）致力实现中华民族伟大复兴的使命召唤

中国式现代化体现了争取民族独立、实现民族复兴的历史使命。谋求民族独立是中国追求现代化的原初逻辑。19世纪中期以后，中华民族面临的危机和挑战日益严重，在中西方对抗中，西方工业文明展现的巨大优势，让国人逐渐意识到"现代化"是振兴中华的必由之路，不过最初是以"中体西用""西化"等话语呈现的。而近代以来失败的现代化实践则昭示国人，政治制度的落后、有效政权的缺失是现代化尝试归于失败的主要阻碍因素。中国进行现代化建设，仅仅拥有和西方国家一样的现代化策略和设计是不够的，必须首先解决现代国家建设的民族独立问题。也就是说，在以民族国家为主体的世界秩序下，发展生产力是要有社会制度前提的，没有独立国家这个社会制度前提，就不可能集中力量进行现代化建设。正因为此，中国现代化一直被赋予革命的色彩，它不仅被看作社会进步的过程，更被视为赢得民族独立、抵御外部侵略的必要手段和必然结果。新民主主义革命胜利后，推进现代化建设的制度环境和政治保障得以确立，中国现代化进程随之步入正轨。在七十多年的历史进程中，无论国内外环境如何变幻，以现代化助推社会主义强国建设的定位始终没有变，探索独立自主的现代化道路初衷始终没有变。因此，中国式现代化在新时代毫无疑问地继承了争取民族独立、实现民族复兴这个最初的历史使命。

（三）准确把握国内外发展大势的战略抉择

中国式现代化来自准确判断世界大势和社会主义建设和改革的经验。一部新中国史，也是一部中国共产党对社会主义现代化建设规律的认识史。中国式现代化是在顺应当今世界发展潮流，深刻总结和高度概括社会主义建设和改革经验基础上的必然产物。无论是把中国引向社会主义工业化道路，还是制定改革开放国策，抑或社会主义市场经济建设，又或科学发展观，均是我们党在世情、国情、党情等历史条件发生重大变化情况下，自觉进行历史性调整，以适应时代特征和国内环境变化的重大机遇抉择。

党的十八大以来，面对"当今世界正经历百年未有之大变局，新一轮科技革命和产业变革深入发展，国际力量对比深刻调整"，以及我国发展不平衡不充分问题仍然突出的国内外挑战和社会新特征，新的发展定位已经超出"小康社会"承载的界限，中国共产党勇于创新、敢于实践，在全面建成小康社会的基础上作出顶层设计，开启了全面建设社会主义现代化国家新征程。这个新征程并非随心所欲地创造，而是在过去社会主义建设和改革开放历史继承下来的条件下创造的。充分发挥中国共产党的领导这个最大优势，牢固树立稳定压倒一切的社会发展思想；毫不动摇地坚持社会主义方向，把社会主义的体制机制和价值观念作为对抗外部风险的有效"抗体"；牢牢抓住经济建设这个中心，毫不动摇坚持发展这个硬道理；坚持以人民为中心的执政自觉，调动人民群众在社会主义现代化建设中的主体作用；在融入世界中创造中国现代化的世界价值等，这些宝贵的历史经验成为中国式现代化开启新征程的重要依托。

三、中国式现代化的实践逻辑

中国式现代化是实践发展的产物。中华人民共和国成立初期的赶超先进、改革开放新时期的以经济建设为中心、新时代"五位一体"整体布局和"四个全面"战略布局，构成了中国式现代化的实践链条，体现了站起来、富起来到强起来的实践进路，形成了中国式现代化的实践逻辑。

（一）有效实践途径：赶超战略

为巩固"站起来"的问题，中华人民共和国初期突破发展制约追赶世界先进，形成的"赶超战略"，是中国式现代化的有效实践形式。1956年，社会主义改造完成之后，面对经济基础十分薄弱的现实，中华人民共和国必须以最快速度追赶世界先进水平。因此，中华人民共和国对标英美苏，结合国情制定"五年计划"，并利用上层建筑所形成的巨大组织优势和动员能力，将全社会的主体资源和精锐力量聚集投入发展国民经济最需要的安全及国计民生等方面，形成了"赶超战略"。❶"赶超战略"激发了中国人的建设热情，民族自信心得到空前增强。"一五"期间，以"156项"建设为重点，大力引进和提高国防工业、机械工业、电子工业、化学工业、能源工业等方面的先进技术，填补了大量工业空白，奠定了我国基础工业发展的基础。❷"二五"以后，我国逐步拥有了火箭、原子弹、氢弹、核潜艇、人造卫星，到20世纪70年代末，中国的安全问题和民族生存问题得到基本解决。尽管"赶超战略"曾因忽略国情出现过重大失误，并遭到了严重破坏，但它加快了中国经济发展速度，提高了社会生产力，国家安全、工业、农业、科学技术、基础建设等均取得了巨大成就，中国由此拥有了在世界站得住、立得稳的资本。同时，"三五"期间的三线建设，改变了我国工业布局，促进了东中西部的平衡发展，为中国现代化发展大局打下了坚实的基础。由于"赶超战略"的独特优势，该思想被历届中央领导集体继承并发扬，成为"三步走"和"两个一百年"发展战略的重要基础，"赶超战略"也成为解读现代化中国速度的实质。

（二）根本动力引擎：改革开放

为解决"富起来"的问题，党的十一届三中全会以后以经济建设为中心形成的改革开放基本格局，是中国式现代化的动力引擎。1978年，党的十一届三中全会作出了把工作重点转移到社会主义现代化建设上来的战略决策，针对社会主要矛盾变化，我国牢牢抓住经济建设这个中心，自觉变革生产关系、上层建筑中的落后因素，打破单一按劳分配模式，突破计划经济思想束缚，建立社会主义市场经济体制，从而破除了不利于现代化建设的时代障碍，解放和发展了社会生产力，把中国经济送上了快车道，实现了由温饱向全面小康的大步前进。四十多年间，中国的经济实力、科技实力、综合国力进入世界前列，国际地位空前提升，人民生活水平得到持续改善。从"解决人民的温饱"到"人民生活达到小康水平"，再到"人民生活比较富裕"，完成了"站起来"向"富起来"的飞跃。四十多年的成功

---

❶ 黄相怀.中国共产党的领导与中国现代化进程的有效推进[J].当代世界与社会主义，2020（2）：82-88.
❷ 郭德宏.中国共产党的历程（第2卷）[M].郑州：河南人民出版社，2001.

经验表明，改革开放是我们党的一次伟大觉醒，改革开放是决定当代中国命运的关键一招，是中国特色社会主义现代化各个领域取得巨大进展与成就的动力。可以说，这个动力强，中国现代化进程就会加速；这个动力弱，中国现代化进程就会缓慢。

（三）基本着力点：不断满足人民美好生活需要

为实现"富起来"向"强起来"的跨越，新时代致力于不断满足人民美好生活需要，是中国式现代化的重要着力点。解决了温饱并且全面建成小康社会后，我国社会主要矛盾转变为人民日益增长的美好生活需要和不平衡不充分的发展之间的矛盾。这个矛盾根本上是基于新的历史方位，由"富起来"向"强起来"转换的矛盾。为解决这一矛盾，不断满足人民美好生活需要，实现"强起来"，中国共产党依据现代化实践成果，科学总结现代化实践经验，丰富和拓宽现代化的建设领域，正式提出全面落实经济建设、政治建设、文化建设、社会建设、生态文明建设"五位一体"总体布局，促进现代化建设各方面相协调，促进生产关系与生产力、上层建筑与经济基础相协调，不断开拓生产发展、生活富裕、生态良好的文明发展道路。[1]自此，中国的现代化跳出了物质现代化、政治现代化等单维度现代化局限，转向了更追求人的全面发展和社会全面进步的现代化。

在"五位一体"总体布局上，以推动高质量发展为目标，坚持新发展理念，构建新发展格局，全面深化改革，保持开放定力，不断解决发展动力、发展不平衡、人与自然和谐相处、内外联动、公平正义等方面的现实问题。以追求人民当家作主为根本，不断提高基层治理能力，推动民主协商，通过解决一系列与人民利益和权力保障紧密相关的现实问题，保证实质民主的实现。用马克思主义激活中华文化的精髓，在长期吸收域外优秀文化过程中，积极塑造扬长避短、包容万象、一元引领、多元开放的文化理念。有效推进社会治理体系和治理能力现代化，不断完善社会平衡与整合机制，通过共建共治共享的社会治理制度，持续增强人民的获得感、幸福感、安全感，保障人民共享改革发展红利，让社会既充满活力又不失和谐稳定。

不断推进生态文明体制改革，把可持续发展提升到绿色发展高度，促进经济社会发展全面绿色转型，致力建设人与自然和谐共生的现代化。可以说，在实践中形成的"五位一体"总体布局是我国现代化发展水平的代

---

[1] 中共中央文献研究室.十八大以来重要文献选编（上）[M].北京：中央文献出版社，2014.

名词，也是中国式现代化的重要支点。

第二节　中国式现代化的属性及要求

一、中国式现代化的根本属性

中国式现代化，是中国共产党领导的社会主义现代化，既有各国现代化的共同特征，更有基于自己国情的中国特色。这清楚地说明了中国式现代化的本质属性：

第一，从领导主体来看，因为中国共产党是中国现代化的领导者，所以中国的现代化，必然要践行中国共产党的理想和追求，体现中国共产党的性质和宗旨、初心与使命，贯彻党的基本理论、基本路线、基本方略。

第二，从质的规定性来看，因为中国的现代化是属于社会主义性质的现代化，这就必然要坚持科学社会主义的根本原则，坚持习近平新时代中国特色社会主义思想的根本要求。

由于中国的现代化从本质属性上讲，是中国共产党领导的社会主义现代化，这就从根本上决定了中国式现代化与西方资本主义现代化，在根本政治立场、价值取向、发展理念、推进路径上有着本质区别。如前所述，中国式现代化的逻辑坚持以人民为中心、坚持把人民利益放在最高位置的政治立场和价值取向，把最广大的人民群众是否满意、高兴、答应作为现代化成效评判的最高标准。

二、中国式现代化的本质要求及实现

从实践要求角度来看，要在新征程上全面推进社会主义现代化建设、实现中华民族伟大复兴，就必须把中国式现代化的本质要求落实到社会主义现代化建设的全过程、各领域、各方面、各环节。

（一）中国式现代化的本质要求

依据中国式现代化的根本属性和基本特征，党的二十大报告明确提出了中国式现代化的本质要求，即坚持中国共产党领导，坚持中国特色社会主义，实现高质量发展，发展全过程人民民主，丰富人民精神世界，实现全体人民共同富裕，促进人与自然和谐共生，推动构建人类命运共同体，

创造人类文明新形态。这个论断包括三个层面含义。

第一，坚持中国共产党领导，坚持中国特色社会主义，从政治方向、政治道路、政治立场上明确了新时代新征程上中国推进现代化建设的领导主体、必由之路。无论未来形势发生怎样的变化，不管前进道路遇到多少、多大的困难、风险、挑战、考验，只要始终坚持中国共产党对现代化建设的领导，只要始终坚持和完善中国特色社会主义制度，就没有克服不了的困难、风险，战胜不了的挑战、考验，就一定能实现党的二十大关于社会主义现代化建设的战略目标、战略任务、战略部署。

第二，实现高质量发展，发展全过程人民民主，丰富人民精神世界，实现全体人民共同富裕，促进人与自然和谐共生，推动构建人类命运共同体。这阐明了中国式现代化的总体布局和主要建设领域的具体要求。实现高质量发展，是对中国式现代化中经济建设的具体要求。发展全过程人民民主，是对中国式现代化中政治建设的具体要求。丰富人民精神世界，是对中国式现代化中文化建设的具体要求。实现全体人民共同富裕，是对推进社会建设、通过高质量发展不断改善民生、满足人民群众对美好生活的更高期望的具体要求。促进人与自然和谐共生，是对进一步加强生态文明建设、改善生态环境的具体要求。推动构建人类命运共同体，是对适应国际局势新变化、实现世界人民对和平与发展的新期待的具体要求。

第三，创造人类文明新形态，阐明了中国式现代化道路的新特点，及其对于人类文明发展的新贡献。与西方式现代化道路相比较，中国式现代化新道路"新"在何处？答案是明显的。一是"新"在现代化建设的价值取向上。西方式现代化以资本家的利益为价值取向，导致富者越来越富有，穷者越来越穷困。中国式现代化坚持以最广大人民的利益为价值取向，努力实现全体人民共同富裕。二是"新"在现代化建设内容的全面性、协调性上。西方式现代化，特别是其早期的现代化是单维的，单纯追求物质文明的发展，不重视其他文明的发展，结果导致了物欲横流、人的异化、生态恶化等诸多严重问题。中国式现代化是经济、政治、文化、社会、生态全面发展、进步、提升的现代化。三是"新"在现代化建设路径的和平性上。西方式现代化的实现靠对外扩张、发动战争、压榨殖民地人民、掠夺他国资源，靠结盟战略、搞集团政治、制造阵营对抗。中国式现代化靠和平发展、国际合作，对话而不对抗，结伴而不结盟。

（二）中国式现代化本质要求的实现

一是必须坚持和加强党的全面领导，确保现代化建设正确方向、光明前途。只有始终坚持党的领导，才能从根本上确保中国式现代化的正确方向，才能凝聚起全体中国人民实现现代化目标的团结奋斗力量，才能战胜推进现代化道路上可能遭遇的各种各样的挑战，最终实现全面建成社会主义现代化强国的伟大胜利。坚持和加强党对现代化建设的领导，必须在领导制度、体制、机制上发力，重点是坚持和完善民主集中制，推动党对社会主义现代化建设的领导在职能配置上更加科学合理、在体制机制上更加完备完善、在运行管理上更加高效，确保党始终总揽全局、协调各方。

二是必须坚持中国特色社会主义道路。历史证明，只有坚定不移地走中国特色社会主义道路，才能使国家由落后变为先进、人民由贫困走向富裕、民族由衰弱转为复兴，舍弃中国特色社会主义道路，走其他任何道路，都不能使得中国实现现代化，走向伟大复兴。新时代新征程上，要走好中国特色社会主义道路、推进中国的现代化进程、实现中国的现代化目标、完成中国的现代化任务，一方面，要坚定自信、保持定力；另一方面，要坚持适应不断变化的国际国内形势，以巨大的勇气全面深化改革，以科学的精神创新制度、体制、机制和方式方法，做到观念不守旧、体制不僵化、改革不停步。

三是必须坚持以习近平新时代中国特色社会主义思想为指导。习近平新时代中国特色社会主义思想是当代中国马克思主义、二十一世纪马克思主义，是新时代新征程上推进中国式现代化的科学指南、行动指针和基本遵循。要全面学习好、深刻领会好、正确把握好习近平新时代中国特色社会主义思想的世界观和方法论，坚持好、运用好贯穿其中的立场观点方法来指导中国式现代化实践，不断提出解决中国式现代化实践中新问题的新理念、新思路、新举措，不断丰富中国式现代化理论，开辟21世纪马克思主义的新境界。

四是必须坚持以人民为中心的发展思想。新时代新征程上，要及时、准确了解和把握人民群众对幸福美好生活的新需求、新期待，把维护好、发展好、满足大人民对美好生活的向往作为中国式现代化的出发点和落脚点，努力实现全体人民共同富裕取得更为明显的实质性进展的目标，让社会主义现代化建设成果更多更公平惠及全体人民。

五是必须坚持敢于斗争，艰苦奋斗，锐意进取。现实表明，在新时代新征程上推进中国式现代化的每一项任务、落实每一项举措、实现每一个具体目标，都不可能不费吹灰之力、轻而易举就能实现的，必须作好进行新的伟大斗争的足够的思想准备、精神准备、工作准备、能力准备，强化斗争意识、发扬斗争精神、坚定斗争意志、增强斗争本领。

六是必须坚持以自我革命精神锲而不舍地深入推进全面从严治党、加强党的建设。实现中国式现代化的各项目标任务，关键在党，关键在党的领导，关键在党员特别是领导干部是否能真正做到忠诚于党、担当作为、干净做事。这就必须把党的二十大关于新时代、新征程党的建设的部署要求落实、落地、落细，促使党员、领导干部不忘初心、牢记使命、干好本职、履行职责。

总之，全面实现中华民族伟大复兴的必由之路，是坚定不移地走自己的路、全面推进中国式现代化建设，舍此别无他路。只要准确把握、坚决贯彻落实党的二十大提出的中国式现代化的科学内涵、本质要求、基本原则、战略部署，就一定能实现新时代新征程的目标和任务。

第三节 中国式现代化的理论特质

中国式现代化是中国共产党经过长期的理论探索和持续实践提出的重要理论概念。在人类现代化知识体系中，中国式现代化不仅具有鲜明的中国特色，而且孕育出中国式现代化特有的理论特质；在人类社会实践中，中国式现代化创造了人类文明新形态，开拓出后发国家走向现代化的新途径。

一、中国式现代化的模式特质

就其本质特征来看，现代化有两种模式：资本主义现代化和社会主义现代化。不同国家在不同历史条件下，受不同理念和价值观的影响，其现代化会有不同的特色，但其本质属性构成了现代化模式的特质。

社会主义现代化与资本主义现代化的根本区别在于：社会主义现代化是在科学理论指导下的现代化，是以社会主义制度为基础的现代化，是自觉的现代化，是有规划的现代化，是以人的全面发展和人类解放为最高宗旨的现代化，是和平发展、世界大同的现代化；而资本主义现代化是资本主义制度下以资本盈利为根本动力的现代化，是自发的现代化，是社会生产无政府状态的现代化，是不可避免地伴随经济危机的现代化，是对内阶级分化、剥削压迫的现代化，是对外侵略、掠夺、欺辱的现代化，是不断策动战争的现代化。

中华人民共和国的成立标志着我国实现了民族独立、人民解放，为实现现代化创造了根本社会条件。中华人民共和国成立后，我们建立起独立的比较完整的工业体系和国民经济体系，社会主义革命和建设取得了独创性理论成果和巨大成就，为现代化建设奠定根本政治前提和宝贵经验、理论准备、物质基础。

改革开放和社会主义现代化建设新时期，中国共产党作出把党和国家工作中心转移到经济建设上来、实行改革开放的历史性决策，大力推进实践基础上的理论创新、制度创新、文化创新以及其他各方面创新，实行社会主义市场经济体制，实现了从生产力相对落后的状况到经济总量跃居世界第二的历史性突破，实现了人民生活从温饱不足全面小康的历史性跨越，为中国式现代化提供了充满新的活力的体制保证和快速发展的物质条件。

从党的十八大开始，中国特色社会主义进入新时代，习近平总书记围绕"建设什么样的社会主义现代化强国、怎样建设社会主义现代化强国"这一重大时代课题，提出一系列原创性的治国理政新理念新思想新战略。中国式现代化是人口规模巨大的现代化，是全体人民共同富裕的现代化，是物质文明和精神文明相协调的现代化，是人与自然和谐共生的现代化，是走和平发展道路的现代化。

中国式现代化具有鲜明的社会主义现代化模式特质。我们对现代化的追求始终是社会主义现代化，始终以人民的利益为最高宗旨。

二、中国式现代化的标准特质

现代化不同模式的特质决定了现代化的标准不同。中国式现代化的社会主义特质决定了中国式现代化的标准特质。

中国式现代化的标准是与共产党人的初心和共产主义理想结合在一起的。这种标准不仅追求生产力的高度发展和国民财富的巨大增长，而且要消灭剥削、消除两极分化，促进社会公平正义，实现共同富裕和人的全面发展。共同富裕是社会主义的本质要求，也是中国式现代化的特质，是其他现代化模式所不具备的。说到底，中国式现代化的标准是看人民高兴不高兴，人民答应不答应，经济社会发展要由人民的获得感、安全感、幸福感来检验。

中国式现代化的特质还表现为物质文明与精神文明相协调。我们所要建设的中国式现代化要求坚持社会主义核心价值观，加强理想信念教育，弘扬中华优秀传统文化，增强人民精神力量，促进物质的全面丰富和人的全面发展。这大大超越了其他现代化的标准。

人与自然和谐共生是中国式现代化又一鲜明的标准特质，也是实现恩格斯"两个和解"预言的重要实践。我们所要建设的中国式现代化要求破除唯 GDP 论的错误理念，坚决不走耗竭资源、损害生态的老路。注意同步推进物质文明建设和生态文明建设，走生产发展、生活富裕、生态良好的文明发展道路。

三、中国式现代化的道路特质

（一）中国共产党的领导

中国共产党领导是中国特色社会主义最本质的特征，是中国特色社会主义制度的最大优势，因此也必然是中国式现代化的道路特质。回顾走过的路，中国共产党的领导是历史和人民的选择；展望未来，中国共产党是中国式现代化道路的定盘星和主心骨。与资本家是资本的人格化不同，共产党人是人民利益的人格化。因此，中国式现代化必须坚持中国共产党的领导。

（二）坚持独立自主、科技自立自强

中国共产党历来坚持独立自主开拓前进道路。科技创新是现代化的根本驱动力。要增强自主创新能力，实现高水平科技自立自强。实践反复告诉我们，关键核心技术是要不来、买不来、讨不来的。

我们对如何实现中国式现代化有着清晰的远景蓝图和战略谋划。在中国式现代化进程中，我国针对不同的历史阶段，谋划了总体方向一致的远景蓝图和战略谋划。如中华人民共和国初期的工业化、20 世纪 60 年代中期提出的实现四个现代化、走在世界前列的两步安排；改革开放后，为解决人民温饱、达到小康水平、进而基本实现现代化，我们提出"三步走"的战略安排；进入新世纪，我们又提出"两个一百年"的最新战略安排。从脱贫攻坚到乡村振兴，这些远景蓝图和战略谋划一步一步、扎扎实实地推进着中国式现代化进程。

四、中国式现代化创造了人类文明新形态

中国式现代化不仅具有鲜明的特质，还有独特的特色。中国式现代化的特色丰富多彩，集中表现为多元一体、包容开放、规制有序。事物的特质与特色相互影响、相互作用、有机融合、相互转化，形成多姿多彩的存

在形态。中国式现代化特色与特质的有机融合创造了人类文明新形态。

社会主义现代化是中国式现代化模式特质，也是其根本属性，从理论上讲，公有制为主体、多种所有制经济共同发展，按劳分配为主体、多种分配方式并存，社会主义市场经济体制等是其重要特征。社会主义建设道路探索的经验告诉我们，中国的社会主义实践不仅要坚持马克思主义理论指导，还必须尊重中国的国情、历史方位和发展阶段。从中国社会主义初级阶段的社会生产力水平出发，我们确立了公有制为主体、多种所有制经济共同发展，按劳分配为主体、多种分配方式并存，社会主义市场经济体制等社会主义基本经济制度。这种多元一体的结构既体现了社会主义制度优越性的特质，又与中国现实生产力结构相适应，彰显出使企业和个人有更多活力和更大空间去发展经济的特色。中国经济体制虽然从高度集中的计划体制转换为社会主义市场经济体制，但模式的计划性作为社会主义的优越性不但坚持和传承下来，而且创造出新的实现形式。社会主义市场经济既体现激发各类市场主体活力的特色，又凸显公平与效率相统一、推动共同富裕的特质，与资本主义现代化形成鲜明对照。中国式现代化具有很大的包容性，在人民至上的大逻辑下，保留了市场逻辑；在社会主义的主旋律下，奏出了多种旋律的交响曲；非公经济和市场竞争调动了市场主体的积极性、主动性和创造性。资本作为生产要素可有效促进科技进步、繁荣市场经济、便利人民生活、参与国际竞争，但资本的积极作用只有在人民至上大逻辑和社会主义主旋律的规范和引导下，才能服从服务于人民和国家利益。在社会主义市场经济发展的过程中要为资本设置"红绿灯"，防止资本的无序扩张，最大限度抑制市场自主调节产生的各种不利影响，这也是中国式现代化规制有序的重要特色。中国式现代化还必须遵循开放发展的现代化规律。只有坚持对外开放，才能充分运用人类社会创造的先进科学技术成果和有益管理经验。

第四节 中国式现代化的推进意义

中国式现代化不仅仅是发展概念的创新，个中折射的深邃价值和深远意义更加值得探讨。那么，新时代持续推进中国式现代化意义何在呢？笔者认为，新时代推进中国式现代化继续发展就是要不断助推中国式现代化的理论升华和实践创新。从理论上来看，就是要充分彰显民族文化优越性提升中华文化国际传播力，就是要丰富现代化理论推动中国现代化理论话语建构，就是要拓展科学社会主义理论提振社会主义话语权。从现实意义来看，就是要在当下解决中国现实问题中满足人民美好生活需要，在提升国力中实现中华民族伟大复兴，在维护人类共同利益中推动持久和平世界建设。

一、推进中国式现代化的理论意义

新时代不断推进中国式现代化具有重要的理论意义。一方面，从中国本土发展起来的中国式现代化具有浓厚的中国特色和很深的民族文化烙印，在引领后发现代化国家过程中，我国的民族特色和民族文化必然会得到进一步传播。另一方面，中国式现代化作为一种成功的现代化经验和模式，既遵循了现代化普遍规律，又立足本国国情，成为现代化与民族特色相融合的典范，打破了西方现代化话语霸权，极大丰富了现代化建设理论。

同时，中国式现代化形成的"五位一体"新发展理念、人类命运共同体理念以及有关共同富裕概念新阐释等马克思主义中国化新成果，极大地拓展了科学社会主义理论。

（一）增强民族文化底气，提升中华文化国际传播力

中国式现代化具有深厚的中华文化底蕴，并散发着鲜明的中华民族特性。在历史长河大浪淘沙中，正是这些文化底蕴托起了中华民族的生存底气。其中，追求共同富裕的现代化目标既是中华优秀传统文化的价值理念和理想追求的集中反映，也是中华民族传统文化在现代化建设中的当代表现形式。纵览我国传统文化中蕴含的小康、和谐、大同社会思想，不管是《诗经·大雅·民劳》"民亦劳止，汔于小康"所向往的休养生息，还是《礼记·礼运》"大道之行也，天下为公"所描述的大同社会理想，抑或孔子"不患寡而患不均，不患贫而患不安"所期待的理想社会秩序，又或管仲"仓廪实而知礼节，衣食足而知荣辱"所深知的物质财富重要性，都深刻体现了古人对美好社会的憧憬，而这样的美好生活憧憬在中国式现代化中得到了传承和进一步发扬。

可以说，共同富裕已经成为中国式现代化最显著的民族文化标签。或者说，是否坚持共同富裕是区分中国式现代化新道路与西方现代化道路的一个重要标志。同时，中国式现代化强调的全体人民"共建共享"则充分继承了传统文化中"天下兴亡，匹夫有责""不谋全局，不足以谋一域""人心齐，泰山移"等团结协作的生活理念和治国智慧。此外，中国式现代化对生态文明的高度重视，也是遵循了传统文化中"道法自然""天人合一"等生存理念。正是这些传统文化蕴藏的价值理念和生存智慧，形成了中华民族显著区别其他民族并让自己的文明延绵几千年不断的文化底气。这些优秀的民族文化也必将在当代社会推动中国式现代化走向光明彼岸。

因此，新时代推进中国式现代化继续向前，既是进一步彰显中国特色社会主义的优越性，也是用中国式现代化的成功力证中华传统文化的有效性、科学性是民族文化的优势、底气。得益于民族文化赋予的中国式现代化的鲜明的中国特色，让中华文化在现代化进程中脱颖而出，让世人不得不重新审视中华文化的巨大价值。从而，让中华文化优越性得到进一步彰显，国际传播力进一步提升。

（二）丰富现代化理论，推动中国现代化理论话语建构

在社会主义现代化建设自我完善中，我们党带领人民不断开辟后发现代化国家引领世界发展的新模式，形成可复制、可推广的现代化中国样板。新时代继续推进中国式现代化，不仅会推动现代化理论丰富、完善，而且对构建中国式现代化理论话语意义重大。

一方面，中国作为世界上最大发展中国家将在新时代实现现代化，这不仅会极大推进世界现代化进程、彻底改写世界现代化版图、极大提升人类发展水平。而且以自身成功实践昭示世人，中国式现代化新道路是既遵循世界现代化的一般规律，又探索后发国家走向现代化的特殊规律，这是对现代化理论的极大丰富和对现代化实践的全新拓展，必将助推中国从人类现代化进程的创新者、变革者向领航者转变。进而，为人类对现代化道路的探索作出更大贡献。

另一方面，因为中国式现代化尊重其他国家自主探索符合本国国情的现代化道路的努力，支持各个民族都按照自己的发展意愿走独立自主的现代化道路，因此，可以在引领后发现代化国家发展中，让人类逐步摆脱西方炮制的"一元单线"现代化进路，跳出"二难悖论"的现代化陷阱，让现代化之路成为可以承载不同形态文明的和平之路。从而，将人类现代化途径带向多元包容的发展方向。

（三）拓展科学社会主义理论，提振社会主义话语权

社会主义发展五百多年，从空想到科学、从理论到实践、从一国实践到多国发展，反映了人类对美好社会制度的追求，深刻改变着世界发展进

程，展现出强大生机活力。但社会主义发展并不是一帆风顺的。20世纪80年代，世界格局发生巨变。世界舆论风向几乎一边倒向西方资本主义，仅剩的几个社会主义国家孤独且无助。但是，面对巨大压力和挑战，中国始终没有动摇对社会主义的坚定信念，坚持和拓展中国特色社会主义道路，用发展的社会主义中国充实着科学社会主义理论，以创造中国式现代化新道路的成功实践证明了中国特色社会主义的巨大优越性，让世界范围内两种意识形态、两种社会制度的历史演进及其较量，发生了有利于马克思主义、社会主义的深刻转变。

新时代，中国式现代化必将用更成功的实践，不断拓展科学社会主义理论，力证中国特色社会主义优越性，将世界历史进程向社会主义方向引流。这是因为，当今世界只有西方经济体进入了现代化经济体系，而社会主义国家和其他发展中国家至今在追逐现代化目标的路上艰难前行。如果中国能够按照预设轨迹顺利实现现代化，则将是一个社会主义国家在吸取人类现代化进程中的有益成果和经验教训的基础上，形成了对资本主义现代化道路的超越。这将不仅是用实践宣告"社会主义失败论"本身的彻底失败，更是世界社会主义运动的巨大进步和马克思主义中国化的巨大成功。❶同时，也是对社会主义科学性、真理性的最好检验、最好证明。届时，中国式现代化不仅能够深刻地回答"什么是中国式现代化新道路，怎么走好中国式现代化新道路"的问题，而且能够对"什么是社会主义，怎样建设社会主义"的问题给出具有高度信服力的实践佐证和理论阐释，为社会主义争夺更多话语权。

二、推进中国式现代化的现实意义

根据当前中国发展预期和世界格局调整方向，新时代必然是中国更好解决自身现实问题，有步骤实现民族复兴，逐步打破美国霸权，重构国际秩序，建立人类命运共同体的新时代。在一个有着14亿多人口的社会主义大国创造中国式现代化新道路，不但会从根本上扭转中华民族的历史命运，而且对人类历史发展都具有重要现实意义。

（一）解决社会主要矛盾的基本途径

正确处理国家内部矛盾，是关系国家命运和前途的重大课题。我国社

---

❶ 郭晗,任保平.中国式现代化新道路的世界意义[J].国家治理,2021（37）：2-6.

会主要矛盾问题从本质上说就是发展的问题，只有立足于不断提高我国社会主义发展水平，才能解决社会主要矛盾，才能持续不断地推动我国社会主义现代化进程。❶新时代，如何直面社会主要矛盾转换，从战略高度和历史发展的视野为我国社会主要矛盾解决以及理顺各类社会关系提供强有力的支持，是时代必答题。而这个必答题历史性地落在了中国式现代化身上。

第一，中国式现代化建构了双循环新发展格局，为社会经济发展打开了新思路。新时代，在新发展格局顶层设计指引下，立足新时代社会主要矛盾，着力解决不平衡不充分的发展问题，通过更协调更充分的发展促进生产力的极大解放，为社会主要矛盾解决提供雄厚的物质支撑。

第二，中国式现代化构建了"以人民为中心"的矛盾治理理念，始终将"以人民为中心"作为矛盾化解的价值取向，并将其贯穿于矛盾认识、分析和解决的全过程。通过建构共建共治共享的社会治理大格局带动矛盾化解，既充分认识人民在矛盾解决中的中心地位，又深知解决社会矛盾人民是根本依靠力量。

第三，中国式现代化能够从整体性、关联性和系统性出发对社会矛盾进行把握，从而做到既抓住全局性矛盾解决，也抓关键性矛盾化解。针对人民群众日益增长的美好生活需要和不平衡不充分的发展之间的矛盾，将在全面建设社会主义现代化国家中全面提升现代化建设的品质，全面满足人民群众的物质需求、精神需求。同时，针对科技创新能力不足与急需摆脱西方科技霸权的矛盾、加快实现祖国完全统一步伐与外部势力加大干涉力度的矛盾、追求共同富裕目标与资本和产业逐步被少数人或组织垄断的矛盾等影响全局发展的几个关键性矛盾，中国式现代化将以我国长期处于"战略机遇期"和"矛盾凸显期"的清醒认知，通过改革和发展协同发力，逐步化解关键性矛盾。

（二）实现中华民族伟大复兴的必由之路

中国式现代化新道路对中国发展的重大意义，集中体现在推动中华民族迎来了从站起来、富起来到强起来的伟大飞跃，实现中华民族伟大复兴进入了不可逆转的历史进程。中国之所以在近代落伍，甚至沦落到任人宰割的地步，一个根本性原因就是封建统治者没有察觉到工业革命引发的世界现代化浪潮，一次次错失实现现代化的历史机遇。鸦片战争后，许多救

---

❶ 刘卓红.全面认识中国式现代化新道路之"新"[J].人民论坛，2021（24）：12-15.

国方案都是为了中国能赶上现代化浪潮，实现民族复兴。然而，这些方案一一失败。最终，中国共产党团结带领中国人民创造了中国式现代化新道路，以中国式现代化的奇迹宣告中华民族在经历无数磨难后实现了浴火重生。这条道路是建立在中国共产党一百多年奋斗的基础上，是根植于中国大地、反映中国人民意愿、适应中国和时代发展进步要求的正确的现代化新道路。这条道路符合中国社会发展历史逻辑，是五千多年中华文明创造的灿烂文化和生命活力，是近代以来中华民族百折不挠、追求民族复兴的不懈奋斗之路。这条道路体现了科学社会主义理论逻辑，反映了社会化大生产的生产力发展的内在趋势，是社会主义实践开拓自己发展道路的理论表现。同时，这条道路又是符合当代中国发展趋势的正确抉择。党的十八大以来，依据国内国际两个大局变化，我们统筹推进"五位一体"总体布局、协调推进"四个全面"战略布局，全面深化改革开放，立足新发展阶段，完整、准确、全面贯彻新发展理念，构建新发展格局，推动高质量发展。故而，中国式现代化新道路是在历史、理论和实践三重逻辑中生成的实现中华民族伟大复兴的必由之路。

（三）应对复杂国际环境的必然要求

当今世界正处于百年未有之大变局，大变局要有大格局、大视野、大情怀和大担当。

一方面，14亿中国人整体迈入现代化行列，改变了现代化成果的格局，现代化区域的分布也发生了巨变。新时代，中国式现代化将努力解决世界两极分化、地区差距和发展不充分不平衡等问题，彻底改写东方从属西方的历史境遇，让现代化成果最广泛地惠及全球人民，实现人类各民族的共同富裕。

另一方面，中国式现代化以全人类共同价值为导向，坚持走和平发展道路，致力于推动构建人类命运共同体，为全球治理贡献中国智慧和中国方案。我们深知，面对世界性难题和全球治理困局，没有哪个国家能独自应对，也没有哪个国家能独善其身。只有坚持共商共建共享原则，增进互信，加强合作，才能实现共同发展。[1]故而，中国式现代化将始终秉持马克思主义政党的全球视野，秉持人类命运共同体理念，以实现人的自由全面发展和全人类解放为己任，积极主张并推动构建新型国际关系、践行多边主义、倡导新安全观和正确义利观，同世界各国携手合作、共克时艰，不

---

[1] 王岩，吴媚霞.中国式现代化新道路与人类文明新形态的内在逻辑理路[J].思想理论教育，2021（11）：12-19.

断铺设以自身的发展为世界各国的共同发展创造机遇、提供动力的共赢之路，以实际行动诠释新时代大国使命和世界视野。

第二章　中国式现代化的基本内容

第一节　本质内涵——人民立场

人民立场是深刻回答中国式现代化为了谁、依靠谁以及根本价值取向的重大命题。中国进行现代化建设归根结底是为了服务好人民，中国式现代化70余年发展历程中人民生活水平呈指数级改善的客观事实足以佐证。但我国在奋力赶超先进的过程中，"经济奇迹"的"光"盖过了人民立场的"辉"，导致中国现代化给人的第一印象是经济腾飞而非人民属性，但是，在经济腾飞过程中，中国人口质量大幅提升的巨大成就不容忽视，人民属性始终是中国式现代化的价值底色。

中国式现代化就是要在实践中不断将人民立场转化为以人民为中心的发展思想和各项具体政策，让人民立场成为中国式现代化最突出的特征和标签。

一、人民是现代化建设的主体力量

人民群众是历史的创造者，是推动历史前进、社会发展的强大动力。人类历史实践无数次证明了这个真理。中国历史尤其是近代以来中国历史的发展轨迹，同样表明人民群众是推动中国历史前进的主体力量。归根结底，中国式现代化是亿万人民自己的事业，必须紧紧依靠人民来实现。在现代化进程中，坚持人民主体地位，充分发挥人民群众的首创精神和创造热情，支持并引导群众探索、创新现代化建设的具体方式、方法，既是历史经验使然，也是发展现实所需。

为了把中国式现代化推向更高更远处，可采取以下措施：

首先，要激发人民群众的主观创造活力，继续做大物质财富基本盘。新时代是瞄准基本实现现代化和继续大力创造物质财富实现共同富裕的历史时期。一方面，努力营造鼓励人民群众干事创业的良好氛围，最大限度发挥人民群众的专才绝学、聪明才智，放手调动群众中的一切积极因素创造社会财富。另一方面，最广泛地动员和组织人民依法管理国家事务和社会事务、管理经济和文化事业、积极投身社会主义现代化建设，让国家的重大决策和工作部署都落实在人民的创造性实践中。

其次,要发挥人民群众主力军作用,创造极度繁荣的现代化精神财富。一方面,塑造传播中国式现代化理念的人民队伍,铸牢中国式现代化精神信仰。另一方面,充分呈现人民群众的文化传承者角色,让人民撑起文化繁荣发展的新局面。

最后,要发挥人民群众制度创新主体作用,推动一系列社会变革。现代化建设应该善于从人民群众的实践探索中发现良策、汲取智慧,不断提高各项决策和工作的科学化、民主化水平。

二、人民是现代化建设成效的评判者

中国式现代化的好坏应该由谁来评判,实质上是一个对谁负责、让谁满意的问题。现代化建设的方方面面与人民息息相关,现代化建设的好与坏,人民最有评判权。因此,检验中国式现代化发展成效,其价值判定标准是人民利益的实现程度、人民群众对现代化成效的满意度以及民生保障和改善情况。中国式现代化必然会围绕这一评价标准进行政策顶层设计、制度安排和实践部署,努力向人民交出满意的答卷。

一是从人民意愿出发制定政策。以人民心为心,通过科学的制度体系建设和政策部署,不断提升发展质量和效益,立足人民群众对美好生活的多样化美好期待,着力解决好住房、教育、医疗、养老等人民群众最关心、最直接、最现实的利益问题。

二是把政策和理论宣传变成实实在在的执政成效。比如,通过实践转化,将乡村振兴、基本现代化、共同富裕等政治口号落实在基层执政理念和群众的切身感受中,用实践成绩向人民群众具体呈现中国式现代化的优越性。

三是进行民主建制。通过健全民主制度、畅通民主渠道,多层次、多领域扩大人民有序政治参与,不断完善人民群众的诉求表达机制,从而让制度安排最大程度体现人民意志。

三、人民共享现代化建设成果

中国式现代化开启以来,我国经济发展的"蛋糕"不断做大,但分配不公问题比较突出。为解决这个现实矛盾,保证广大群众能够普遍共享改革发展红利和现代化建设成果,党的十八届五中全会浓墨重彩地提出了共享发展理念,并将其作为治国理政的基本方略进行确立。

新时代，中国式现代化依然会践行社会主义的本质要求，坚定不移坚持发展成果由人民共享，努力把现代化建设取得的各方面成果体现在人民生活水平持续改善和各方面权益充分保障上。这将主要表现在：一是通过合理的制度安排，有效保证人民共享经济社会发展成果。以制度的权威引领和推动改革进程、保障和巩固发展成果，从而有力地破除利益藩篱、凝聚改革共识，让共享发展理念深入人心并形成共享发展的现实需要，进而助推有效制度建设。二是通过广泛的社会建设，保障全体人民美好生活需要的满足。通过保障人民共享且全面共享物质财富和先进生产力满足人民物质方面的需要，通过保障人民享有政治权利和依法参与政治满足人民对社会主义民主的需要，通过人民广泛参与文化活动、享受文化产品和服务满足人民的文化需要，通过保障人民享有公共服务、接受教育、充分就业等条件满足人民的社会需要，通过建设天蓝水秀地绿气清的生活环境满足人民的生态需要。

第二节 内在品质——和谐共生

无论是马克思主义经典作家对人与自然关系的思考，还是我国传统的"天人合一""道法自然""万物平等"等生态文明观，抑或几代中国共产党人的生态思索和实践，都表明生态文明建设功在当代、利在千秋。筑牢中国式现代化的根基，必须牢固树立社会主义生态文明观，既要积极推动形成本国人与自然和谐发展的现代化建设新格局，又要立足国际视野，做全球生态文明建设的重要参与者、贡献者、引领者。这就需要不断完善我国生态文明建设顶层设计，实现经济社会发展全面绿色转型。同时，积极践行对世界的绿色承诺，倒逼中国式现代化生态品质提升。

一、完善生态文明建设顶层设计

每一个时代的理论思维，都是一种历史的产物，它在不同的时代具有完全不同的形式，同时具有完全不同的内容。党的十八大以来，我国生态文明建设取得显著成效，各项工作持续向好。但是，不可否认，过去几十年间中国的经济增长付出了沉重的生态代价。过度追求经济增长的目标导向，让粗放的发展方式长期得不到改进，造成大量的环境污染和严重的生态系统退化。当前，我国经济发展面临的资源环境制约越来越显著，环境状态总体恶化趋势基本没有停止，生态环境问题越来越成为制约经济社会发展的瓶颈。中国式现代化要破解经济社会发展与生态环境约束日益尖锐的矛盾，根本途径就是通过生态文明建设，持续提升发展质量和水平。因此，立足于资源约束趋紧、环境污染严重、生态系统退化的严峻形势，从顶层设计入手，研究建设一个尊重自然规律、人与自然和谐共生的美好社会，既符合理论逻辑，也是历史必然和现实所需。

新时代，建设人与自然和谐的现代化，就是要继续通过全面深化改革，加快推进生态文明顶层设计和制度体系建设，从目标任务、原则理念、制度保障等方面对生态文明建设进行全面系统部署。

一是进一步推进中国特色社会主义生态文明建设理论的系统建构，用科学理论指导实践。既要系统总结我国生态文明建设取得的成就、历史经验，又要深刻阐释生态文明建设的重大意义。以理论建设为统领，不断丰富"人与自然和谐共生的现代化"内涵与外延，从而在全社会达成生态文明建设的强大共识，凝聚生态文明建设合力。

二是通过有效的实践探索，形成科学的生态文明建设评价机制。把资源消耗、环境损害、生态效益纳入经济社会发展评价体系，建立体现生态文明要求的目标体系、考核办法、奖惩制度，努力形成生态文明建设的长效机制。

三是探索建设生态文明跨区域联动机制，从生态系统整体性出发，坚持综合治理、系统治理、源头治理理念，推进生态系统一体化保护、修复。

四是积极创新环境经济政策，建立基于主体功能区和主要生态功能区的生态环境政策、差别化的产业准入标准、多元化的环保投入机制、反映资源稀缺程度的价格形成机制以及鼓励环境友好的技术开发利用机制等。

二、实现经济社会发展全面绿色转型

"十四五"时期，我国生态文明建设进入了以降碳为重点战略方向、推动减污降碳协同增效、促进经济社会发展全面绿色转型、实现生态环境质量改善由量变到质变的关键时期。新时代，建设人与自然和谐共生的现代化，就是要保持生态文明建设的战略定力，坚定不移走生态优先、绿色发展之路，既要实现发展理念的完全转型，又要全力推进产业发展和生活方式的绿色转型。

一是发展理念的全面绿色转型。党的十八大以来，我国逐步形成了绿色发展的顶层共识，并相继出台了多个生态文明建设的顶层文件，尤其是

"新发展理念"❶将"绿色"纳入其中,对全社会形成绿色发展认知起到了重要引导作用。但基层管理者们并未真正形成绿色发展思维和发展逻辑,依然处在"被动绿色"的实践中,缺乏主动性。党的二十大强调必须牢固树立和践行绿水青山就是金山银山的理念,站在人与自然和谐共生的高度谋划发展。因此,推动顶层理念和底层实践深度融合,通过"绿色理念灌输"和绿色实践引导,让绿色低碳理念深入人心,将是实现经济社会发展全面绿色转型的前置因素。

二是产业发展的全面绿色转型。一方面,进行节能环保产业和新兴产业战略性规划,通过调整经济结构和能源结构,优化国土空间开发布局,不断培育壮大节能环保清洁产业,加快提升其在国民经济中的比重,形成绿色产业链虹吸效应和绿色生产资源分配大布局。另一方面,正确引导和积极推进传统产业技术升级,并通过实施最严格的生态环境准入机制,提高产业准入门槛,加快淘汰落后产能,筑牢生态保护红线、环境质量底线和资源利用上线。

三是生活方式的全面绿色转型。在改革开放大潮中,西方生活和消费理念的输出对我国产生了不小的影响,导致社会上存在一定程度的奢侈浪费之风,严重制约我国和谐共生的现代化建设。为此,必须开展全民绿色行动,通过生活方式绿色革命,彻底扭转人们不合理的生活消费习惯。一方面,积极倡导简约适度、绿色低碳的生活方式,反对奢侈浪费和不合理消费,形成文明健康的生活风尚。另一方面,通过开展节约型机关创建和绿色家庭、绿色学校、绿色社区、绿色出行等行动,推动人民生活方式和消费方式绿色化,把建设美丽中国转化为全体人民的自觉行动。

三、践行对世界的绿色承诺

气候变化是全人类面临的共同挑战,中国式现代化将以"胸怀天下"的发展视野,积极参与全球气候治理,为未来全球绿色可持续发展带来诸多机遇,为绿色地球作出中国贡献。正如在第七十五届联合国大会一般性辩论上宣布的,中国将提高国家自主贡献力度,采取更加有力的政策和措施,二氧化碳排放力争于 2030 年前达到峰值,努力争取 2060 年前实现碳中和。这是中国对世界的减排承诺,彰显了中国推动构建人类命运共同体

---

❶新发展理念即创新、协调、绿色、开放、共享的发展理念,于 2015 年 10 月党的十八届五中全会上提出的。

的坚定决心和实际行动。为切实推动实现碳达峰、碳中和目标，中国必将逐步构建起碳达峰、碳中和政策支撑体系，并通过一系列务实、有力举措，彰显实现人与自然和谐共生现代化的决心和信心，以及共建地球生命共同体的责任和担当。

一是完善碳达峰碳中和法治体系，为气候治理提供法理依据。通过专门的气候变化国家立法，制定节能降碳基础性规则，更好践行《中华人民共和国宪法》"生态文明""新发展理念""美丽中国"等生态理念，更好统筹污染防治法、资源法、能源法等多个环境保护相关法的有效衔接，为碳达峰碳中和行动搭好法制框架。

二是推动国内绿色能源革命，构建清洁、低碳、高效的能源供应体系。通过经济和能源结构调整，控制高耗能、高排放行业发展，降低重工业占比和不可再生能源消费比重，并通过科技创新大举提升能源利用效率，从而逐步改变我国目前"产业结构偏重、能源消费偏煤、能源效率偏低、油气供应风险偏高"❶的能源消费现状。打开能源清洁化、多样化消费新局面。

三是加大减排降碳国际合作，强化碳达峰碳中和联合行动。一方面，大力支持发展中国家能源绿色低碳发展，推行对外援助绿色发展工程，通过资金支持和技术输出，帮助最不发达国家、小岛屿发展中国家和非洲国家提高绿色环保产业能力和应对气候变化能力。另一方面，如期完成自我自主贡献。停止兴建境外煤电项目，逐步实现对外援建项目低碳零碳化转型。支持联合国推动完成《巴黎协定》细则谈判，让共同应对气候变化成为国际社会普遍共识。

第三节 目标追求——共同富裕

随着"十四五"《纲要》多次"点名"共同富裕以及浙江共同富裕示范区的建立，共同富裕显然已成为我国发展的国家战略和时代背景。新时代，中华民族和中国人民将全面迈向现代化，这个现代化既是"五位一体"的全面跨越和全面提升，更是朝着共同富裕目标坚定迈步的现代化。这将主要表现在：不断解放生产力发展生产力，进行高度发达的生产组织创新；致力更平衡更充分的发展，实现高质量协调发展；建构公平合理的分配制度，增强社会和谐性。

---

❶ 王永中.碳达峰、碳中和目标与中国的新能源革命[J].人民论坛，2021（14）：88-96.

一、生产力高度发达是基础

中国式现代化的根本属性是社会主义，社会主义本质的核心内涵就是要通过解放和发展生产力达到全体人民共同富裕。中国共产党作为掌握着社会主义国家政权和致力于实现共产主义的政党，在现代化新征程中，就是要在坚持社会主义基本原则基础上，把一切生产工具集中在国家即组织成为统治阶级的无产阶级手里，并且尽可能快地增加生产力的总量。继续围绕解放生产力、发展生产力这一根本任务，通过全面深化改革、创新驱动发展、建立现代产业体系等途径，大力提高我国社会化生产力，以改变与资本主义生产力的时代差距。同时，将通过生产工具的智能化改造、生产组织形式创新等渠道夯实收入增长和财富增加的基础，从而让我国社会生产力发展水平有一个质的跨越。

一方面，坚持创新在我国现代化战略中的核心地位，建设高水平的科技强国。按照"十四五"规划建议对人才、科技和自主创新要素的新定位，不断升华我国的人才战略、科技布局，持续提升我国产业、技术、价值链在新发展格局中的质量和水平。一是坚持人才培养抓创新，持续加强对劳动对象的升级和改造。二是坚持创新驱动发展战略，加大对高端科技的投入、研发力度以及完善对科研人员的保障支持体系。三是让市场成为配置创新资源的决定性力量，通过有效制度安排让企业真正成为技术创新的主体。四是加强高端科技研发的对外交流，从全球化大视角推动核心技术、关键设备、重要零部件等的国际合作。

另一方面，进行生产组织形式创新，以组织创新助推劳动生产率提升。一是打破产业向少数特大型企业集中的垄断态势，为中小型企业发展提供更加便捷的纾困机制，破除少数资本对我国产业的垄断等。二是逐步探索劳动者脱离固定生产关系制约机制，以更先进的组织形式培育创造社会价值的创新生产方式。如大力支持和扶持特定人群自主择业、自主创业、自主研发等，让更多底层群众能有自我增值、自我释放潜在价值的制度机会和社会环境。

二、更平衡更充分的发展是内在要求

当下，我国"不平衡不充分的发展"主要表现在：领域不平衡、区域不平衡、群体不平衡的三个发展不平衡和社会发展总量尚不丰富、发展程度尚不够高、发展态势尚不够稳固的三个发展不充分。"不平衡不充分"主要表现为结构性问题，这种结构失衡不再主要是绝对短缺背景下的"八个木桶七个盖"，而是相对短缺背景下的发展偏差与发展短视。比如，一方面是低端产能的严重过剩，另一方面是高端供给的严重不足甚至没有；一方面是就业难，另一方面是用工荒等。我国当前的客观实际是，经济社会已经发展起来了，但发展又不够充分，在不科学的发展理念、不合理的体制机制驱使下，就会产生发展不平衡、加剧发展不平衡。比如城乡二元结构问题，产生的基础是农村生产力水平发展不充分，在整个社会资源过度向城市倾斜的制度安排下，引发和放大了城乡发展不平衡。

正是类似上述的发展不平衡和不充分、市场驱动下，处于发展强势一端的区域、行业和群体不断挤兑处于发展弱势一端的发展资源，发展资源不断向强势端聚集，进一步加剧发展弱势端的发展资源稀缺感。为此，如何通过系列变革实现更平衡更充分发展就成为中国式现代化的内在要求。

首先，要牢固树立新发展理念，从全局的高度谋划发展大局，不仅要注重发展速度，更要注重领域之间、区域之间、社会群体之间的协调以及经济发展与其他非经济发展的协调性。不断通过发展方式转变、经济结构优化、增长动力转换、现代化经济体系建设等，夯实平衡性发展、充分性发展的基础。

其次，要加快推进供给侧结构性改革，通过建设实体经济、科技创新、现代金融、人力资源协同发展的产业体系，着力构建市场机制有效、微观主体有活力、宏观调控有度的经济体制，不断增强我国经济创新力和竞争力。

最后，要用制度创新纠偏不科学的发展理念，破除一切制约生产力发展的制度障碍。用体制机制规范性来保障发展主体的权利，激发社会活力，提升社会创造力。通过营造良好的制度环境促进发展走向平衡，实现充分发展。

三、公平合理的分配制度是保障

2020年我国成功消除了绝对贫困，为实现共同富裕打下了坚实基础。但是，实现共同富裕不仅要靠物质财富的极大丰富，更要在公有制前提下保证社会财富公平合理分配的分配制度。故而，不断完善分配制度，通过有效国家干预整合社会资源，驾驭各类资本，促进公平正义，保障发展成果被全体人民共享，就成为新时代缩小贫富差距的必然选择和实现共同富裕的保障。

为解决收入分配不公这个历史性难题，构建合理的分配制度、调节收入分配、缩小贫富差距是最核心的内容。

一方面，进行三次分配的基础性制度建构，加大转移支付的力度和精准度。一是注重初次分配在调动社会竞争的积极性作用。通过完善和纠偏市场机制，确保土地等生产要素的市场化充分显现，让社会上创造财富的源泉充分涌现，为二次分配、三次分配创造基础。二是着力打造致力基本公共服务均等化的二次分配体系。通过完善税收结构，充分发挥税收的杠杆作用，筑牢社会稳定和经济可持续发展的坚实基础。三是最大限度发挥慈善公益力量。依托道德建设、文化涵养、观念塑造等，建构起社会资源在不同群体之间均衡流动的先富帮后富精神，从而让经济发展成果更好地惠及全体人民。

另一方面，逐步优化收入分配秩序，有效遏制收入分化。对于最高收入和最低收入逐步固化的客观社会现实，一是着力破除弱势群体长期被压榨的既有体制机制，如以城乡分割、户籍分割的劳动力市场、社会保障体系以及普遍的劳资双方不平等现象等。通过建构低收入群体（如农民和城镇困难群众）增收宏观格局，不断增强其创造财富的能力。二是增强社会流动性，畅通底层人口向上流动通道。同时，逐步弱化财富的代际传递，从而打破阶层固化的困局。

第四节　发展过程——和平发展

现代化首先应该是维护人类共同价值的和平现代化，而非自私自利的充满暴力、掠夺和强权的现代化。由于率先实现现代化的西方发展之路充满血腥和暴力，误导了人们对现代化发展过程的认知，并试图将西方特有的非和平标签贴给中国式现代化。

然而，坚持走和平发展道路，始终做世界和平的建设者、全球发展的贡献者、国际秩序的维护者，是中国式现代化的发展定位和国际承诺。过去七十余年，中国用实际行动为国际和平贡献中国智慧。在未来，无论国际形势如何变幻，中国综合实力全球定位几何，中国走和平发展道路的决心和信念永不动摇，将一如既往秉持文化传承中的和平基因、以深刻的和平认知和对人类有所贡献的和平自觉，坚决履行既发展自身又造福世界的发展承诺。

一、历史传承中的和平基因

中华文明是典型的农耕文明，执着于保家卫国的爱国主义，而非开疆拓土的殖民主义。崇尚和谐、温婉内敛而不具攻击性是中华文明最显著特征。同时，中华文明具有宏阔的视野、开放的胸襟，它主张互学互鉴、兼收并蓄，致力于实现国泰民安、睦邻友好和天下太平。在几千年农耕文化熏陶之下，中华民族形成了以"和合"为核心的中华战略文化。正是基于这样的文化底蕴，古代中国培育了以和为贵、兼济天下、海纳百川的恒久性战略思维和发展策略，让中华文明世代赓续、生生不息，始终保持旺盛生命力。故而，中华民族的血液中没有侵略他人、称霸世界的基因，中国人民不接受"国强必霸"的逻辑，愿意同世界各国人民和睦相处、和谐发展，共谋和平、共护和平、共享和平。中国式现代化也将继续坚持对中国有利、对亚洲有利、对世界有利的宗旨，一以贯之走和平发展道路。这是因为：

首先，受"天人合一"宇宙观的潜在影响，中国式现代化不得不思考人类和平秩序构建。"天人合一"宇宙观主张人道对应天道，即人类发展规律要符合万物运行规则，只有做到"天人合一"才是符合发展的大道。因此，中国式现代化道路作为人类文明新形态的开拓者，构建"天人合一"的人类发展新秩序是我国的文化使然。

其次，在"协和万邦"国际观的影响下，中国式现代化愿意将自身发展成果同世界人民共享。尤其是在当下世界政治经济格局大变动大调整的历史时期，面对诸多的不确定性和不可预知的风险挑战，中国式现代化将通过推动构建人类命运共同体以更加主动的作为为他国提供支持与帮助。

再次，"和而不同"的社会观赋予了中华民族接纳文明多样性的天然秉性。这就意味着，即使中国实现了民族复兴、建成了社会主义现代化强国，也不会如西方一般排斥中华文明之外的文明和中国道路之外的道路，而是在"和而不同"理念治理下实现与其他文明的大融合以及与其他发展道路的交流互鉴。

最后，"人心和善"的道德观培育了中国人民正确的价值取向，并给走和平发展道路的中国式现代化培养了众多拥护者和践行者。因此，作为国家真正的主人，"人心和善"的中国人民既是中国式现代化的建设者，也是监督者。倘若中国式现代化走了歪路，中国人民将第一个不答应，这就有效保障了中国式现代化能够一直沿着和平发展方向前行。

二、抵御外侮过程中的和平认知

近代以来，从1840年第一次鸦片战争爆发到新民主主义革命胜利，中国在长达一个多世纪的时间里，长期遭受外部强权干涉和战争威胁。在这一个多世纪的抵御外侮过程中，那些欺压过中华民族和中国人民的外部势力犯下了罄竹难书的滔天罪行，中华民族和中国人民为争取胜利付出了极其惨重代价。家园被毁、生灵涂炭、割地赔款等"战争之恶"，如电影胶卷般一遍遍在中国人心中反复播放，给中国人民留下了永远抹不平的历史伤疤。即使建立了中华人民共和国，我们为了融入世界谋求发展，也不得不接受来自西方的经济盘剥和政治压迫。但中国人民从中学到的不是弱肉强食的强盗逻辑，而是更加坚定了维护和平的决心。或者说，中国式现代化之所以能够在世界人民面前自信地标榜为"中国式"现代化，很重要的一个原因就是它对西方野蛮的、殖民侵略的"发家史"嗤之以鼻。

正是有过切身之痛，故而我们宁愿全体国人省吃俭用、辛勤建设、白手起家完成现代化建设所需的原始积累，也不愿对外索取、对外压榨、对外扩张。即使在现代化起步阶段自身都有巨大建设资源缺口的情况下，依然能慷慨解囊援助其他第三世界国家。那么，当中国综合实力大幅跃升的时候，更将视"带动全世界发展中国家共同繁荣"为国际责任。这就是中国在一个多世纪被欺压求解放过程中形成的刻骨铭心的和平认知。在新时代，这种和平认知只会推动中国式现代化承担更多国际责任、付出更多维护人类和平秩序的行动自觉，一如既往奉行"维护世界和平，促进共同发展"对外宗旨，秉持和平发展的国际理念，维护世界多极化和经济全球化，尊重各国人民自主选择发展道路的选择自由和发展意愿。一方面，在"己所不欲勿施于人"的价值理念下，绝不会挑起纷争、卖弄武力，将曾经的饱受战争蹂躏之苦转嫁给其他民族，同时，在处理国际争端和纠纷时用谈判而非武力、用协商而非强权的方式表达意愿、化解纷争。另一方面，始终将和平崛起放在自身的力量基点上，既充分利用国际现有和平秩序，抓住机遇抢占发展先机壮大自己，又以己之力自觉维护国际公平正义，为世界争取更长的和平环境，进而推动建构更加公平、合理的国际和平新秩序。

三、对人类有所贡献的和平自觉

中国的发展并不是狭隘的民族式发展,而是致力于维护人类共同利益对世界有所贡献的发展,这是中国共产党历代领导人持之以恒的目标。党的十八大以来,我们更是坚定了中国要为全球治理和世界和平贡献中国智慧和中国方案。因此,"对人类有所贡献"一直是中国现代化进程中蕴涵的世界价值,也是默默推动中国式现代化走和平发展道路的和平自觉。

当今世界,在逆全球化倾向凸显、单边主义与贸易保护主义盛行、地区性冲突加剧、冷战思维抬头变局中,"走和平发展道路的现代化"建设必然成为有效化解人类现代化事业遭遇不确定性挑战的题中之义。从世界意义和人类的价值诉求看,中国式现代化道路就是要自觉肩负起对"世界有较大贡献"的使命感。

一方面,以高度的责任心积极推动构建人类命运共同体、共建"一带一路",让广大发展中国家搭上中国快速发展的列车,让世界各国均能共享中国发展红利,让相互依存的共同体意识成为共识,让人类共同繁荣成为共同发展目标,让国际社会对中国和平崛起的疑虑烟消云散,逐步跳出"国强必霸"的逻辑。

另一方面,敢于打破被西方少数国家挟持的国际旧秩序,建立体现国际社会普遍共识、共同利益的相互尊重、公平正义、合作共赢的新型国际秩序。通过强化自身与带动发展中国家加快发展以平衡国际力量对比,获取更多与西方摊牌的筹码,争取更多国际新秩序建构话语权,推动人类历史以更加平等、开放、包容与协作的方式向前。

第五节 方法举措——协调发展

中国式现代化的社会主义性质决定了其是努力实现全面发展、全面进步的现代化,既要物质财富极大丰富,也要精神财富极大丰富。新时代,中国式现代化迈入全面建设社会主义现代化国家新征程,必将站在以人民为中心的价值立场,以更大的决心、毅力和行动推动物质文明和精神文明相互促进、协调发展。我们党也必将带领人民在物质文明和精神文明齐头并进中不断增强文化自信,增强道路定力,不断满足人民群众对美好生活的新期待。

一、促进文化繁荣增进文化自信

中国式现代化强调，没有社会主义文化繁荣发展，就没有社会主义现代化。没有高度的文化自信，就没有民族复兴强国梦。无论是 2035 年基本实现现代化，还是到 21 世纪中叶全面建成社会主义现代化强国，都是包括经济、文化等各方面建设共同推进的奋斗目标，单靠物质文明的高度繁荣是不够的。尤其是全面建设社会主义现代化强国，文化繁荣和文化自信是题中之义。但是，在过去推进社会主义现代化建设的进程中，文化软实力并没有同经济发展齐飞。我国文化软实力与我国经济实力不匹配，更与我国文化资源大国、文明古国的地位严重脱钩。因此，基于新的发展定位和奋斗目标，新时代推进中国式现代化，必然在不断增强经济实力的同时大力推动文化大发展大繁荣，将精神文明建设推向更高水平，从而构建与我国新时代大国地位相当的文化软实力和与文明古国相匹配的文化自信。

首先，依托现有文化资源，进行文化潜力再开发。一方面，充分挖掘传统文化潜在优势，推动中华优秀传统文化创造性转化、创新性发展。中华优秀传统文化是中华民族的精神命脉，是我们在世界文化激荡中站稳脚跟的坚实根基。无论从哪一个层面分析，文化繁荣发展都离不开传统文化滋养。新时代推动传统文化"双创"就是要对传统文化进行科学化处理，从社会科学角度解读传统文化的内在价值，推动传统文化"经验性"向"科学性"转化。就是要克服经济短视的局限性，对传统文化进行外在经济价值和文化内涵价值的双重开发。就是要充分弘扬传统文化蕴含的民族特质和人类关怀，正确处理"民族的"与"世界的"两个辩证关系。另一方面，对革命文化和社会主义先进文化进行话语创新、价值再造。重点培养一批文化解读和创新的学者大家，在不断的话语创新中明晰我国革命文化、社会主义先进文化的巨大价值，形成有效的文化引导导向，逐步取得人民群众对革命文化和社会主义先进文化的高度认可，从而建构起高度的中国特色社会主义文化自信。

其次，形成多元的文化生产参与体系，培育高度发达的文化生产力。形成良序有效的官民互动机制，积极引导全体人民、社会组织等参与到文化生产中，让文化生产力在历史文化传承、民族精神提炼、国家形象塑造、行为规范引导、文化制度设计等方面充分彰显。

最后，扩大文化对外传播交流，形成与国家综合国力相匹配的文化辐射力、影响力。通过创新对外文化交流、文化传播、文化贸易途径和方式助推中国成为人类社会物质文明和精神文明的双重贡献者。

二、增强战略定力应对风险挑战

在社会主义现代化进程中，风险挑战从未缺席。我们党之所以能够坚定团结带领中华民族和中国人民取得举世瞩目的现代化建设成就，开创中国式现代化新道路，正是因为高度重视思想文化建设，注重凝心聚力，善于进行意识形态斗争。

中国特色社会主义进入新时代以来，站在"两个一百年"奋斗目标历史交汇的关键节点，面对国内外发展环境发生深刻复杂变化，必须更加坚定、更加自觉地推动"两个文明"协调发展，推动国家硬实力与软实力建设齐头并进。特别要看到，在国际，保护主义、单边主义上升，世界经济增长低迷态势仍在延续，不稳定性不确定性明显增加，机遇和挑战之大都前所未有；在国内，社会思想意识多元多样多变，不同思想文化、不同道德观念、不同价值取向的碰撞交锋更加频繁，西方敌对势力从未放弃对我国社会的渗透和分化。这些都要求我们从历史逻辑、理论逻辑、实践逻辑出发，继续深化对推动"两个文明"协调发展重要性的认识，不断增强"两手抓、两手都要硬"的行动自觉。

一是以物质文明和精神文明的协调发展凝聚人心。通过加快精神文明建设步伐，逐步消解物质文明过快增长带来的社会浮躁、人心涣散等现象。让人民群众在精神文明建设中感知党和国家的号召力、行动力。同时，通过建设与时代背景、国家实力相适应的精神文明，让人民群众自觉感知社会文明程度的提升，在新的历史方位中进行身份和责任的重新定位，从而形成强大的向心力。

二是以物质文明和精神文明的协调发展增进道路自信。在世界百年未有之大变局中，不但要凭借硬实力获得生存和发展，而且要通过软实力为自己的发展道路"正名"。一方面，通过建设系统完善的中国特色社会主义理论体系和阐述能力，明晰中国式现代化的"科学性""可行性"和"进步性"。另一方面，通过"两个文明"协调发展，形成"两个文明"之间的双向促进机制，从而在赶超现有发达国家物质文明的同时，突破资本主义的精神文明局限，不仅让中国人民共享"两个文明"的双提升，更要让世界人民享受中国精神文明建设红利。

三是以物质文明和精神文明的协调发展冲破西方反华阵线。一方面，不卑不亢搞好自己的"五位一体"现代化建设，培育人民群众的社会主义现代化优越感和自觉维护繁荣稳定大局的责任感。同时，以更宽阔的眼界和心胸扩大开放，不断吸收借鉴域外先进文化，让我们的文化价值理念更具人类关怀。另一方面，通过推进人类命运共同体、传播人类共同价值理念、维护人类共同利益等方式，争取更多国家和地区的支持，逐步改善在世界政治格局深刻调整被西方战略压制、舆论压制的"孤独局面"。

三、解决社会矛盾满足人民美好生活新期待

中国式现代化是以人民为中心的现代化，是注重物质的不断丰富和人的全面发展相统一的现代化。进入新时代，人民群众对美好生活的全方位、多层次需要，不仅对物质生活提出了更高要求，还对精神生活的要求日益增长，这在现实层面决定了只有物质文明与精神文明协调发展，才能满足人民对美好生活的向往。在中国式现代化新征程上，把改善人民物质生活和丰富人民精神生活结合起来，把满足人民美好生活需要与提高人民素质统一起来，推动"两个文明"协调发展，为人民提供安全、科学、公平、正义等规范和秩序，不断加强制度体系建设，不断完善社会治理体系和提升社会治理水平与能力，[1]不断满足人民对美好生活的新期待。

一是推进全面依法治国，为人民美好生活提供有力的法治保障。一方面，通过法制的发展和健全保障人民群众在法治国家中的主体性地位机制，有序引导人民群众广泛参与精神文明建设，让人民权利、权益得到法治的全面庇护。另一方面，将纷繁复杂的各类社会关系纳入法治轨道，最大限度地避免"社会管理乱象"，最大程度保障国家意志在精神文明具体建设中得到实践。

二是大力发展科教事业，为人的自由而全面发展夯实基础。让每一个中国人既能公平接受教育，又能学有所获、学有所成、学有所用。让教育成为维护社会和谐稳定的航行舵手，让人民群众都有机会在教育中找到社会阶层流动的最佳通道。

三是大力推进思想道德建设，为人民美好生活营造良好的人文环境。按照《新时代公民道德建设实施纲要》，不断推动新时代公民道德的实践养成，着力提升人民思想觉悟、道德水准和文明素养，形成积极健康向上的

---

[1] 尹杰钦，滕茜茜，聂川.新时代人民美好生活需要：依据、维度及特点[J].湖南科技大学学报：社会科学版，2021，24（1）：166-173.

道德新风尚，为社会持续健康发展扫除道德失范障碍，让公序良俗成为不可逾越的道德准绳，为美好生活营造风清气正的人文环境。

第三章　乡村振兴战略理论与全面推进

第一节　乡村振兴战略的现实基础

乡村振兴战略是在党的十九大报告中提出的战略。党的十九大报告指出，农业农村农民问题是关系国计民生的根本性问题，必须始终把解决好"三农"问题作为全党工作的重中之重，实施乡村振兴战略。党的二十大报告对乡村振兴战略作了进一步的阐述，指出要全面推进乡村振兴，继续坚持农业农村优先发展，坚持城乡融合发展，畅通城乡要素流动。

一、乡村振兴的发展背景

（一）乡村地位及其重要性

从全世界的角度而言，无论是哪一个国家或者是任何地区，随着发展程度的不断深化，都会面临着对于城市与乡村关系的处理，而这一关系能否得到较好的处理将会对经济建设产生最直接的影响。自 2004 年，连续 19 年以"三农"为主题的中央一号文件，强调了"三农"问题在中国社会主义现代化时期"重中之重"的地位。早在 2018 年，中央就在一号文件中，明确强调了"三农"工作对于经济建设的关键性影响及作用。与之前的多次强调相比，2019 年中央文件最突出的特色就在于明确了"三农"工作的基本方针，确定了总的目标导向。同时，还明确指出，不管是哪一级政府，都应该牢牢坚持这一方针不动摇，以"农村优先发展"为目标导向，保证最终实施效果。2023 年中央一号文件针对"三农"领域存在的核心问题，有针对性地提出了发展意见。

改革开放的历史经验告诉我们，"农业优先"是一切工作的根本保证。农业经济的稳定与否将会直接影响农民生活的幸福感，也会对其他方面的建设产生最直接的影响。只有农民生活得幸福了，农业的根基才扎牢了，国家的建设才会迈上新的更高的台阶。人和自然密不可分的关系正是以农村为纽带，农村为社会的发展提供了物质根基。从国际社会的大背景来看，随着工业化进程的不断加快，社会要素的非农化倾向导致乡村建设的步伐变缓，乡村的全球性衰落已经成为一个不争的事实。当经济建设达到一定的高度时，不管是哪一类型的国家，都需要深刻思考如何持续推进乡村振兴这一新的课题。例如，法国的农村振兴，韩国的新农村建设等。

我国自 20 世纪 80 年代之后，城镇化发展速度节节攀升，乡村劳动力大量流向城市，他们远离了长期生存的农村，由此造成了乡村老龄化问题、空心化问题等。在这种背景下，乡村振兴战略登上历史的舞台，其目的就在于从根本上解决城乡发展之间的二元对立。党中央将农村的发展作为提升国民经济建设的关键一环予以突出强调。不少研究者纷纷针对乡村振兴的发展背景、实现方式、基本内涵等进行了多元化阐释。❶社会各界都认识到了农村优先的科学性与正确性，对"重农业、轻乡村"发展路径的一种修正成为社会各界的共识。❷

从现代化建设的经验来看，在国民经济当中，农业生产的占比不断下降，农村人口数量逐年减少。不过，这并不意味着乡村在发展的过程中不断衰落成为一种必然。从我国的发展实际来看，乡村功能并没有随着城市化的进程而消失，在国民经济中，农村问题依然是一个核心问题，其性质没有发生根本的变革。尤其是随着我国经济建设的步伐逐渐加快，人民对于生活质量的要求越来越高，"三农"成为处理好各种关系的一个核心和关键。正确处理好"三农"问题，依然是未来一段时间内的主要矛盾。"三农"的地位不会被削弱，反而会更加重要。乡村作为兼具农业、地理、经济、文化等多种功能的多元体，和城镇之间的关系是十分微妙的，二者之间彼此促进，构筑了社会发展与建设的空间区域。乡村的发展与建设情况如何，将会对国家整体发展产生制约。与城市相比较来看，我国社会的基本矛盾在乡村体现得更加明显，我国社会主义初级阶段的现实在乡村也呈现得尤为突出。要真正建设成为社会主义现代化强国，关键是要正确处理好错综复杂的乡村问题，将乡村发展与建设的动力激发出来，鼓足后劲，激发潜能，进而更好地实现发展的整体化。乡村振兴战略与我国社会发展的需求相契合，与国家未来发展的宏伟目标相一致，因此，其现实性价值呈现得更加明显。

---

❶ 韩俊.农业供给侧结构性改革是乡村振兴战略的重要内容[N].中国经济时报，2017-11-21.
❷ 陈秋分，王国刚，孙炜琳.乡村振兴战略中的农业地位与农业发展[J].农业经济问题，2018（1）：20-26.

（二）新时代对乡村的新要求

目前，我国的社会主义建设迈上新阶段，必须正确处理好农业农村发展过程当中的基本矛盾，构筑起城乡协同建设，区域发展整合的基本运作机制与发展路径。坚持乡村振兴的路线与方针，走适合中国发展的，具有中国特色的全面振兴新道路，使农业农村发展早日实现现代化。乡村振兴战略的提出有特定的背景，它继承了"三农"建设的基本方针，也与当前中国发展的实际相吻合。乡村振兴战略的提出，为新时代"三农"建设指明了方向。

"三农"工作的顺利开展需要紧紧依靠党的领导。乡村振兴能否取得较好的实效，核心与根本就在于党。坚持党对一切工作的领导。社会主义的建设与发展要紧密团结在党的周围。突出党的领导地位是最为重要的一项政治要求。党的领导充分体现出一切工作的指向，是对党的政治优势的真正践行。不断推进党对农村工作的领导，完善相关的体系与机制，保证乡村振兴工作能够取得现实的效果，将每一项政策落实下去，见到实效；党对许多工作具有协调与统筹的作用，因而，党的正确领导能够促进农村经济建设的发展，丰富文化生活，保护生态环境，协调各个领域的发展，协调优化乡村振兴重要工作落地，顺利实现最终的目标；要突出党在干部管理方面的关键地位，遵从懂农业、爱农村、爱农民发展的重要规律，真正培养出为乡村振兴事业奉献自我的、综合素养较高的人才队伍。

"三农"工作的顺利开展还要秉承发展的基本思维。乡村振兴的实现需要思维的革新为先导。从当下实际而言，我国农业农村环境和之前相比在诸多方面产生了新的变革，乡村振兴需要正确处理好各种要素的关系。比如，怎样确保农民获得更高的收入？如何持续推进农业发展的新变革？怎样促进不同资源的整合？怎样的乡村治理格局才是最佳的？要想正确处理好上述问题，需要在思维与理念方面进行不断变革，厚植农业的基本根基，协调各项工作领域的发展，将短板补起来。要运用好创新思维，以科技为引领，促进农业发展的提质增效；要推动农业发展领域的不断创新，使农业不断朝着现代化的方向迈进；要协调各方，化解城乡之间的发展矛盾，使得第一、第二、第三产业能够协同发展；要牢牢树立绿色发展思维，让发展更加生态，更为环保，进而打造和谐发展的良好局面；要具有开放思维，让农业发展走向市场，以包容的姿态兼收并蓄；要以共享思维为引领，让农民在乡村振兴过程中的重要性不断凸显，为他们积累更多的财富，提升其生活的满意度。

党中央多次强调，农村优先发展对带动社会各个领域的发展尤为重要，要按照产业兴旺、生态宜居、乡风文明、治理有效、生活富裕的总要求，建立健全城乡融合发展体制机制和政策体系，加快推进农业农村现代化。上述几个层面对于如何推进农业发展提质增速作出了很好的回答，也与农民对于生活的美好诉求完全契合，真正回答了未来乡村振兴能够实现怎样的目标。怎样以较快的速度实现这一目标等各种问题，为我们贯彻落实乡村振兴战略指明了基本的方向。面对多元化的发展背景，要突出粮食安全对于国家整体发展的重要性。当下，粮食产能不断趋于稳定，国家的整体供给态势较好，环境较为宽松。然而，我们仔细观察就会发现，我国的粮食结构有待进一步优化，依然存在较为明显的主要品种结构性过剩和短缺并存问题。

要想真正实现乡村振兴，可以从以下方面着手：

首先，要保证城镇化达到一定的水平，要完善产业结构，促进村庄结构的合理化。

其次，随着城镇化进程的不断加快，必须有意识地引导各种资源向农村倾斜，将人才引进来，向农村投入更多的资金，将城市的辐射价值充分展示出来，为全面振兴的实现奠定扎实的根基。

再次，构筑有利于农民增收的发展机制。我们之所以要实施乡村振兴战略，就是为了让农民感到幸福，而幸福的实现需要以收入的增加作为基本的保障。农民要想收入增加，需要相关的产业作为支持。

最后，要分区域、分类别进行层次化推进。要根据区域的不同进行差异化指导，确保政策的精准实施。按照区域之间的差别，对不同的村庄差别化施策，最终形成类型多样的乡村发展新模式，构筑多样化的乡村振兴新样板。

二、乡村振兴的概念与特征

（一）乡村振兴的概念界定

乡村是农民集聚定居的空间形态，是农民进行生产生活的聚集地，同时也是农村经济社会发展的基本载体。

本书分别从过程和状态两个层面对"乡村振兴"概念进行表述：

第一层面：乡村振兴依托乡村多维空间形态，遵循乡村发展客观规律，农民群众主动建设，社会各界共同参与，注重自然与社会的和谐共生，是不断加强乡村经济、政治、文化、社会和生态建设的过程。

第二层面：乡村振兴通过不断满足人们对乡村生活质量的更高需求，

不断实现乡村发展的预期建设目标，最终达到全方位现代化的乡村发展状态。乡村振兴既是当代中国乡村发展的过程，又是乡村发展的目标和未来状态。这一定义不仅涵盖了乡村振兴的目标，也涵盖了乡村振兴的过程。乡村振兴概念是乡村发展目标与过程的统一，尊重乡村历史发展过程，是当代乡村发展实际和国家乡村振兴战略的高度统一。

乡村振兴是基于我国基本国情、社会经济发展特点和乡村发展体系的特征提出的，其核心要义是把"三农"问题作为乡村全面振兴发展的根本性问题。新时代推进乡村全面发展需要从培育特色产业、特色生态和特色文化做起，促进农业、农民持续协调发展，为广大乡村居民创造优美便捷的工作、生活环境。为此，着力培育和打造具有地方特色的美丽田园乡村，是乡村振兴的重要抓手。

乡村振兴涉及乡村治理、产业发展、文化保护与传承、生态保护、乡村建设和文化建设等多个领域，各领域之间互为依托、共同发展，应从系统论视角寻求乡村振兴的治理优化策略。乡村振兴离不开产业的发展、文化旅游的繁荣、文化的复兴、人气的集聚，以及完善的基础建设和正确的开发方向等，只有各领域、各层次、各环节均衡有序发展，乡村才能有活力、有动力、有人气，才能真正实现振兴。

从结构构成维度来看，乡村振兴可分为乡村产业振兴、乡村人才振兴、乡村文化振兴、乡村组织振兴和乡村生态振兴五个方面，这五个方面既是乡村振兴的主要组成部分，也是乡村振兴的主要实施路径。其中，产业振兴是基础、人才振兴是关键、文化振兴是保障、组织振兴是保证、生态振兴是支撑。这五个方面的内容与乡村振兴的总体要求（产业兴旺、生态宜居、乡风文明、治理有效、生活富裕）互为表里，是一个包含农业生产、农村生活、农村生态的复合系统。

从时间发展维度来看，乡村振兴可划分为初级目标乡村振兴、中级目标乡村振兴和高级目标乡村振兴，分别对应乡村振兴的不同发展阶段。初级发展阶段的目标是乡村振兴取得重要进展，包括构建乡村振兴战略的体制机制，乡村文明、社会治理、产业发展等成效初步显现；中级发展阶段的目标是乡村振兴取得决定性进展，包括乡村振兴战略体制机制进一步理顺，劳动力、土地、资本、技术、信息等生产要素在城乡流动中的障碍得以全面消除；高级发展阶段的目标是乡村实现全面振兴，乡村振兴的体制机制和政策相当完善，城乡之间实现良性互动并相互促进，"三农"问题得到根本解决。

从空间变化维度来看，可将乡村振兴视为乡村层次、区县层次、省区层次和国家层次的乡村振兴，不同层次的主体角色及重点任务有所不同，不同区域的具体建设内容也会因为资源禀赋和文化特色方面的差异而各有侧重。

（二）乡村振兴的特征表现

乡村振兴涉及资源、经济、文化、自然等乡村发展的多方面内容，是一个经济、社会、人口、空间和环境等协同发展的动态过程。乡村振兴是乡村生产、生活、生态全方位的发展，它的具体特征主要表现在以下方面：

1. 科学性

乡村振兴属于系统科学的范畴，具有科学性。一方面，乡村振兴立足于中国乡村发展的实际，遵循乡村发展的客观规律，充分考虑乡村的自然条件与先天禀赋，因地制宜，循序渐进，不能违背科学性原则，盲目开展乡村建设。另一方面，乡村振兴不仅是一个村镇建设的问题，更是一个融合农业、农村、农民三个层面共同发展的问题，也是一个城乡融合和人与自然和谐发展的问题。可见，乡村振兴不仅是乡村经济建设，更是囊括了乡村经济、社会、政治、生态、科技、教育、文化、交通等多个方面的整体发展战略，必须从系统论思想出发，在完备的科学体系指导下方能完成。

2. 动态性

乡村振兴是一个过程，是长期演变的结果，具有动态性。"乡村"的概念和内涵本身是随时代的变化而不断演变的，乡村这一名词本身就带有发展的动态性。乡村振兴作为新时期农村发展的新阶段，必须与时俱进地反映时代特征。每个时期乡村发展的状态不是一成不变的，它随着乡村社会的发展而发展，所以乡村发展过程中要解放思想，把握时代发展的脉搏，立足当下，不断创新。

3. 层次性

乡村振兴是立足现有基础和条件下的全方位、多层次、宽领域的乡村发展过程，因此乡村振兴应坚持系统思维。系统是诸多要素以特定结构形成一定功能和层次的有机整体，现代系统论从整体与部分出发，以整体为核心兼顾要素，提出整体发展是要素、层次、结构、功能和环境共同作用的结果。乡村振兴主要针对农村、农民、农业三大主体的发展问题，应紧密围绕乡村发展系统的结构特征和功能需求，逐层开展乡村振兴工作。可见，分层次是乡村振兴工作的客观要求，从功能实现角度来看，可以将乡村振兴工作划分为三个阶段,即浅层功能阶段、中层功能阶段和深层功能阶段。

4. 经济性

乡村振兴发展的原始动力来自乡村经济发展的需求,因此乡村振兴具有经济性。乡村振兴的首要目标是经济振兴,反过来,经济振兴又是乡村振兴发展的基础。经济性是乡村发展必不可少的特性,没有经济特性的乡村振兴不是完整意义上的振兴。作为推进农村经济社会全面发展的一项国家战略,乡村振兴必须以强大的农村经济为后盾。而乡村产业振兴,一方面为乡村经济发展提供了动力,另一方面为乡村经济发展质量和可持续性提供保证。

5. 实践性

乡村振兴是一项实实在在的系统工程,不能只停留在理论研究的层面,实践性是乡村振兴的本质特征之一。乡村振兴是一项需要全社会参与的社会活动,不是自发的自然现象。同时,乡村振兴需要科学的理论指导,需要建立在对乡村振兴理性认识的基础之上,并需要经过实践的检验。从某种意义上来说,乡村振兴理论的目的和价值依赖于乡村振兴实践的成败,没有实践的推动,乡村振兴理论不能得到验证和丰富;没有实践的推动,乡村振兴便失去了过程性,只能始终停留在一种预期状态,也就失去了存在的意义。

6. 逻辑性

乡村振兴是现代乡村发展理论指导乡村发展实践的有序活动,需要遵循严格的逻辑框架,是具有逻辑性的实践行为,乡村振兴实践需要科学把握逻辑起点和逻辑思路。通过对乡村振兴理论的剖析,相关理论可以概括为三个部分:一是与乡村振兴相关的观点和假设,这是乡村振兴的逻辑起点,它决定了乡村振兴的基本价值取向;二是乡村振兴的基本理论基础,它是指导乡村振兴实践的基础和理论指导,同时也是乡村振兴可行性的关键;三是乡村振兴的具体实践,也是乡村振兴的实际落脚点。从乡村振兴的理论与逻辑分析,到乡村振兴的具体实践,是乡村发展实现"质"的飞跃的必由之路。

三、乡村振兴的发展展望

(一)乡村振兴和新型城镇化双轮驱动将成为新常态

乡村振兴不能就农村论农村,因此,乡村振兴和新型城镇化双轮驱动将成为新常态,而城乡关系、工农关系的重塑是新时代做好"三农"工作、促进农业农村现代化、实现乡村振兴的重要抓手。

1. 实现乡村振兴的路径和导向：城乡融合发展

城市和农村是人类经济社会活动的两个基本区域，推动城乡融合发展既是经济社会发展的内在规律，也是我国建设现代化强国的内容和发展方向。从发展经济学理论上讲，工农关系决定了城乡一体化或者融合发展的水平，农业和工业之间、城市和农村之间存在有机的内在联系，彼此互为补充和依赖，不能人为割裂二者的联系。城乡融合发展必须破除城乡二元结构，这也是未来乡村振兴的方向与路径。

随着近年来我国城镇化水平的不断提高，新农村建设的持续深入推进，城乡之间的相互联系和影响作用明显增强，城乡之间的人口、资源、要素、产权流动和交叉整合日趋频繁，产业之间的融合渗透逐步深化，城乡之间呈现"你中有我，我中有你"的发展格局。越来越多的问题表现在"三农"，根子在城市；或者问题表现在城市，根子在"三农"。这些问题的解决，需要系统的制度设计，不能简单地"头痛医头、脚痛医脚"。城乡统筹主要强调政府资源的统筹分配，但在引导社会资源资本和人才支持"三农"发展方面却表现乏力，容易成为薄弱环节。城乡一体化发展则更侧重于加强对"三农"发展的外部支持和"以城带乡"，弥补"三农"发展的短板，逐步缩小城乡差距。相比之下，推动城乡融合发展与前两者一脉相承，但站位更高，内涵更丰富，更容易聚焦城乡之间的融合渗透和功能耦合。目前，单靠城乡统筹和促进城乡一体化发展，已经越来越难以适应新时代社会主要矛盾的变化和城乡关系的重塑。因此，建立健全城乡融合发展体制机制和政策体系，引导更多的社会资源和人才参与"三农"建设，解决城乡发展失衡、农业农村农民发展不充分的问题，让广大农民在工商共建共享乡村振兴的过程中有更多的获得感、幸福感，对满足城乡居民不断增长的美好生活需要具有重要意义，坚持城乡融合发展是实施乡村振兴的重要途径和战略需要。

2. 促进乡村振兴的重要推力：新型城镇化

推进新型城镇化与乡村振兴都是我国建设现代化强国的重要内容，二者相互促进。由于农村自身所具有的相对封闭性、滞后性特点，发展的内生动力不足，决定了乡村振兴不能就农村而言农村，必须在"四化同步"推进的宏观背景下，结合新时代城镇化的新要求，加快乡村互动促进乡村振兴。各国实践证明，一个国家和地区的城镇化水平越高，城市支持农村、工业反哺农业的条件和能力就越强，农业农村发展步伐就越快。城镇化进程在很大程度上促进了农村自然经济形态的瓦解，对乡村振兴的带动作用主要表现在三个方面：

第一，通过吸纳农村剩余劳动力为乡村振兴创造条件。城镇化是农村剩余劳动力转移的重要渠道。随着现代生产力水平的不断提高、国家开放政策的不断深化和市场经济的体系更趋成熟，城市现代产业发展对人口的集聚能力显著增强，农村剩余劳动力的城镇化转移，使农民在获得工资性收入的同时，还获取了必要的现代产业技能和城市生活方式，有利于农民工返乡创业并促进乡村发展。

第二，城镇化为现代农业发展创造了新的机会和需求。随着城镇化水平提高，城市发展对农村产品提出了更大的需求，对农村的粮油蔬菜供给保障能力和农产品质量也提出了更高要求。特别是将加速农业经济形态的转化，农产品精深加工、休闲观光农业、乡村文化旅游、农村电子商务等三产融合发展态势将不断增强。随着新时代城乡居民消费结构加快升级，多元化、个性化的中高端消费需求将快速增长，从而有利于推进农业由增产导向转向提质导向，服务城市需求的现代农业将得到大力发展。

第三，城镇化有利于形成全社会共享发展成果的机制。城镇化是一个城乡双向互动的过程，在促进农村人口向城镇集聚转移的过程中，农民的生产生活方式得到了较大的改变，现代城市文明也加速向农村传播和扩散，城市基础设施、公共服务产品等也逐渐向农村延伸，从而促进城市资本、人才向农村流动。这一互动过程有利于城乡要素交换和公共资源的均衡配置，加快实现城乡基本公共服务均等化，使农民能享受到改革发展的成果，有利于推动形成全社会共享发展成果的机制。

（二）新型职业农民将成为乡村振兴的重要力量

伴随乡村振兴战略的深入实施，我国农村土地制度改革、户籍制度改革将持续深入推进，农业农村发展的政策红利将进一步释放。同时，新型城镇化和工业化进程加快，城市支持农村、工业反哺农业的能力明显提升，推动农业农村高质量发展和乡村现代化建设步伐将进一步提速，城乡要素流动性也将进一步增强，乡村将成为创新创业者和投资者青睐的热土，新型职业农民将成为乡村振兴的重要力量。

1. 各类创新创业要素将加快向乡村流动

乡村振兴离不开城市资本、人才、信息、技术等要素的参与支撑，各类创新创业要素将加快向乡村流动。

第一，城乡基础设施互联互通增强要素流动的便利性。城乡融合发展是乡村振兴的重要导向，随着以交通、信息、能源、公共服务设施为代表的城市基础设施向农村延伸，农村综合生产生活条件将发生重大改变，城乡要素市场一体化水平将大为提高，城市要素流向农村的基础设施瓶颈得以破除，要素流动的自由性和便利性明显增强。

第二，城市资源配置需要新的发展空间。随着城市人口的大量集聚，城市建设和功能拓展均将受到内部发展空间的制约，城市资本需要新的投资领域，城市部分功能需要向乡村外溢，城市居民需要新的创业就业载体和空间，因而服务城市需求的农村新兴产业将带来大量新的投资机会，为城市资源的优化配置提供了新的广阔空间和有利条件。

第三，乡村自身现代化发展需要城市资源要素的支撑。农村人才资源和创新要素匮乏是制约农村实现现代化的最大障碍，无论是乡村综合环境的整治、乡村产业的振兴，还是乡村文化的繁荣都需要城市创新资源的支撑。特别是随着乡村综合条件的改善，对城市资源的吸引力将逐步增强，乡村将成为新时代创新创业的载体和热土。

2. 农村农民的去身份化和职业化进程将加快

长期以来，我国实行严格的城乡户籍制度，农民和城市居民成为两种截然不同的身份，附着在户口上的是城乡基本公共服务和社会福利待遇的不平等。随着工业化、城镇化的快速推进，大量农民为了脱离农村"农民"身份的束缚，向非农产业转移成为"农民工"或者变为正式的城市居民，从而导致农村凋敝和一系列社会问题，而且农业农村的现代化也不是仅仅依靠传统意义上的农民就可以实现的。随着乡村振兴和城镇化双轮驱动发展，"农民"去身份化和职业化必将成为新的发展趋势。

一方面，现存的"农民"身份在制度设计上将逐步淡化。户籍制度改革是破解我国城乡二元结构难题、推动新型城镇化的重要内容和举措。自2002年国家提出统筹城乡发展以来，各地在推动户籍制度改革方面已经做了多方探索，逐步取消户口的农业和非农性质差异已成为共识，这也是以城乡融合发展推动实现乡村振兴的内在要求，"农民"身份将逐渐淡化。

另一方面，新型职业农民是未来乡村创新创业的主体。城镇化和户籍制度改革可以缩小城乡差距和促进城乡居民基本公共服务均等化。但无论社会如何发展，农业作为一种产业存在就必然会有职业"农民"存在，农业产业经营也必然要遵循市场机制和规则以实现利润最大化，"农民"本身属于职业的范畴。在"农民"去身份化的过程中，新型职业农民群体将大量出现。在新时代，农业生产现代化的核心因素将取决于农业劳动力的素质，具有高素质的职业农民是推进乡村振兴的主体和生力军。新型职业农民是指具有科学文化素质、掌握现代农业生产技能、具备一定经营管理能力，以农业生产、经营或服务作为主要职业，以农业收入作为主要生活来源，居住在农村或集镇的农业从业人员。

（三）先进科技与要素渗透将有效推动乡村产业变革

当前，大数据、物联网、人工智能等现代科技信息技术蓬勃发展，现代产业正面临科技进步带来的深刻变革，新业态、新模式以及个性化的新需求正加速推动产业融合发展，产业的边界日趋模糊。同样，随着乡村振兴战略的深入实施、现代科技管理知识在农业农村领域的深度应用，技术创新和管理创新成果正在借助产业结构调整，以渐进、渗透、跨界方式改造着农村产业，乡村产业发展也会呈现新的特点和变化趋势。

1. 未来科技兴农的战略支撑作用逐渐增强

科技兴农就是运用科学技术解决"三农"发展中的实际问题，推动农业农村现代化，这不仅是推动乡村振兴的发展共识，也是我国实施创新驱动发展战略的重要内容，更是适应新型工业化、城镇化、信息化发展的客观需要。未来国家强化农业的科技支撑主要体现在三个方面。

第一，更加注重农业科技创新水平的提升。进一步加快完善农业科技创新体系，培育符合现代农业发展要求的创新主体，强化财政资金对农业基础研究领域的投入。重点加强种业创新、现代食品、农机装备、农业污染防治和农村环境整治等方面的科研工作，加快推动农业科技成果的转化应用和绿色技术供给，进一步健全农业技术推广体系。

第二，更加注重农业科技创新平台基地建设。鼓励建设打造一批国家级和省级农业科技园、一批科技创新联盟、一批农业科技资源开放共享与服务平台，培育一批农业高新技术企业，强化形成具有国际竞争力的农业高新技术产业。

第三，深入推动现代互联网、物联网等信息技术在"三农"领域的应用。国家鼓励发展智慧农业、农村电商，推动农村就业创业及公共服务的信息化网络化，提升"三农"发展的信息化水平。总之，科技兴农工作的成效将成为决定乡村振兴战略实施成败的关键所在。

2. 乡村产业融合与经营组织变革将更明显

产业融合发展是现代产业发展的趋势，也是工业化、城镇化、信息化发展到一定阶段的必然结果。随着我国"四化"协同发展的持续推进，城乡一体化融合发展的水平将明显提升，农村也不再是单纯的农业生产场所，三次产业的多种业态相伴而生，互为补充和依赖，产业的界限和业态更趋模糊和多样化，经营组织模式也在不断变革创新。近年来，我国"三农"发展已取得明显成效，农村产业融合发展态势已初步显现，城乡产业发展的关联性更加紧密，但产业融合发展的层次总体依然较低。从未来发展趋势看，乡村产业将呈现以下三个方面的特点：

其一，农业与旅游文化生态等元素融合促进农村传统产业转型。目前我国经济社会发展已经步入旅游经济时代，旅游业也从过去的观光发展到休闲度假，特别是城市人口对乡村旅游服务需求较大。我国广大农村具有丰富的自然生态、特色种植、地域民俗、农耕文明、传统村落、历史古镇等诸多乡村旅游资源，发展乡村旅游的基础条件较好。乡村旅游可以促进农村传统生产向特色花卉苗木种植、田园创意、特色餐饮、高端民宿、文化表演、休闲康养等现代都市休闲农业方向发展。从本质上来看，休闲农业是以农业活动为基础，把农业和旅游业相结合的一种新型多功能的高效农业，通过"旅游+"促进旅游与其他产业融合将成为未来乡村产业振兴的重要方向。

其二，农业自身产业链延伸型融合提升产业附加值。即一些涉农经营组织，以农业为中心向前向后延伸，将种子、农药、肥料供应与农业生产连接起来，或将农产品加工、销售与农产品生产连接起来，或者组建农业产供销一条龙。

其三，新型农业经营组织将蓬勃发展。现代信息和管理技术的运用，将促进家庭农场、专业合作社、协会、龙头企业、农业社会化服务组织以及工商企业等多元化经营组织加快发展，成为推动乡村产业振兴的重要组织力量和经营模式。这些新型农业经营组织无论是在商业模式创新还是在品牌培育方面都将发挥至关重要的作用，经营组织变革也将进一步促进多种形式的农村产业融合发展。

第二节 乡村振兴战略的理论指导

一、区域经济发展的理论

（一）区域经济发展的内涵

1. 关于因果关系的概念

我们借助市场经济的运行，将市场作为一个连续发展的进程，提出因果积累关系这一理论。在虚拟的市场经济发展历程中，乡村社会的各种力量通过积累形式相互影响，体现乡村经济价值。通常，基于区域的因果累积关系，乡村的产业相互依赖，要实现生产率的提升，需在区域经济上多下功夫，使其具备发展的机会。

当经济增长时，通过区域不断地传播，经济增长集中在起点附近时，必然有经济进步强有力的因素。区域经济发展的不平衡相关理论的提出，根据区域之间以及国际的经济发展趋势，凝练出一种传播理论。经济增长需要一个长期的发展，发展过程中出现的增长极是一个信号。

2. 关于梯度推移的概念

20世纪60年代，哈佛大学教授弗农分析工业生产生命周期理论；汤普森分析区域生命周期理论。这两个理论结合，形成共同的梯度推移理论。有关梯度推移理论的提出，可以发现经济产业组织与区域经济关联，区域经济的发展受产业结构的优劣影响，因此区域经济产业结构的状况又是工业循环重要的部分。关于经济区域，可以分为不同的现象，例如经济部门作为最高的梯度区，这一梯度随着时间的推移而变化，逐渐转化为低梯度区，形成多层次的系统。

3. 关于区域可持续发展的概念

20世纪90年代，联合国环境与发展大会签署宣言指出，未来的世界发展历程需继续实施可持续发展战略，国与国之间可以形成紧密合作的伙伴关系。可持续发展理论包含六个核心的观点。

第一，保持可持续发展，可持续发展是将可持续这一观念进行传承，使代内平衡与代外平衡和谐。

第二，基于多角度理解可持续发展理念，例如国家之间的政治、经济、科技、文化等相互融合。

第三，强调发展的协调性。经济与社会的发展，可以从世界资源与环境能够承载的范围内展开，且不破坏原有的资源体系。

第四，尽快适应人口增长和经济发展。

第五，将经济质量与经济效益的和谐进步，作为长远的可持续发展目标。

第六，经济具有发展性，同时也不能忘记社会环境的变化。

（二）区域经济联系的相关理论

美国的经济学者李查德·库伯提出，各国的经济发展是相互联系的。

因为经济技术不同，在必要时国家必须依赖于其他国家的经济技术来实现经济目标。随着交通基础设施的完善及通信的发展，国家的经济合作明显增加。因此，人口、粮食以及社会资源造成的众多问题，需世界各地区相互协调。

1. 区域经济系统论

无论是哪个系统，这些系统在众多因素的组合中形成有机整体。虽然区域经济要素的表现形式不同，但是在实际的经济发展中形成新质的态势。例如亚里士德分析，整体远远大于部分之和。因此，区域经济系统论的核心理念是整体。区域的空间系统结构，有一定的优越性，在构建完整的空间系统时，可以借助国家的指导实现区域经济的协调发展。

2. 区域经济一体化循环理论

国家实现区域经济的一体化发展，需尊重相应的理论。在中国农村地区范围广泛使用区域经济一体化循环理论，这是因为不同的区域生产要素不同，因而可以充分利用区域的经济优势，从而挖掘其固有的实力，带来经济的发展。如果国家要实现区域经济的发展，需建立相应的生产部门和合作单位，通过充分合作与沟通、促进区域经济循环发展。区域经济一体化循环理论的重点是政府关于区域的科学规划，引进新技术和新产业，实现区域经济一体化的宏伟目标。

3. 马克思、恩格斯区域经济的发展理论

伟大的思想家马克思、恩格斯充分探究了区域经济的发展，重点研究两个方面：一是区域的生产地域分工；二是城乡区域关系。区域经济发展理论研究的基础条件是交换，在交换基础上深入研究区域经济发展，二者提出经济与地域分布的直接联系，并开展深入研究。马克思、恩格斯提出城市的经济思想是区域经济发展理论的核心价值。

马克思结合区域经济进行了初步思考，指出家庭内部，随后在氏族内部，由于性别和年龄的差别，也就是在纯生理的基础上产生了一种自然的分工。随着公社的扩大、人口的增长，特别是各氏族间的冲突，一个氏族征服另一个氏族，这种分工的材料也扩大。此外，产品交换是在不同的家庭、氏族、公社等地方产生的。因为在文化的初期，以独立资格互相接触的不是个人，而是家庭、氏族等。不同的公社在各自的自然环境中，找到不同的生产资料和生活资料，这种自然的差别，在公社成员交往时产生了产品的互相交换，从而使这些产品逐渐变成商品。

马克思的区域经济理论充分表明，以往的人类社会，区域经济形成的必要原因是地域，区域经济存在的差异问题是区域自然条件不同。因自然条件存在着差异，制约了区域经济的发展，区域经济直到现在继续发挥作用。随着科学技术的进步、现代化社会经济的发展、生产力的提升，区域经济越来越依靠社会经济条件，这种影响逐渐重要。

对"生产力布局"进行研究，马克思和恩格斯提出了未来社会主义社会生产力应当平衡布局的思想。马克思与恩格斯经过考察，充分认识资本主义的生产基础，并提出"生产力布局"观点。西方的资本主义国家是以生产资料私有制为基础，无论是私人企业还是区域经济主体，不断地分割成个体，且这些个体是相互独立的。如果社会经济出现无政府状态，且经济互相对立，这使得企业组织结构即使有一定的组织原则，也不可能实现经济的可持续增长。但是，社会主义国家却大相径庭。以生产资料公有制为基础是社会主义国家经济发展的前提，经济发展的生产力布局具有完成的可能。如果完成生产力总量的需要，可以实现社会经济的变革。《资本论》中提出人类经济的活动具备一切劳动成果。例如，原料价格的变动影响区域经济。如果提高价格，原材料的需求相对减少。生产原料因为价格的上涨，原料供给区域将扩展到更广阔的空间。但伴随原料产量的增加，又造成供给量超出原有的需求，这样难以有效控制原料的变化。从社会经济的发展现象来看，西方经济学发展成为如今的强大体系，体现在以下几个方面：

第一，重商主义的经济学。15世纪到18世纪，欧洲国家非常流行重商主义。重商主义的思想基于国家的富强与国家积累的金银。如果国家出现金银的输出问题，可采取的措施是干预经济生活，逐渐输入国家的金银。有学者提出重商主义，分析国家最好的管理者是金银。因此，国家将农业和商业以及制造业进行控制，形成贸易往来的垄断格局，维护国内市场。这种手段可以使国与国之间的贸易往来受到限制，因为所有的原材料源于殖民地，满足经济发展要求。在《国富论》中，亚当·斯密定义了重商主义，且不赞同这种观念封闭的现象。

第二，自由放任主义的古典经济学。基于重商主义的思想，亚当·斯密分析古典经济学这一理论，这个概念的提出导致许多学者的跟随，最著名的是以大卫·李嘉图为代表。古典经济学学派提倡的核心观点是经济发展有规律，经济发展的规律联系生产要素的价格、价值等，为实现经济发展的变化，可以建立相应的商品价格制度。在古典经济学中，最为明显的是市场机制的作用。与重商主义比较而言，古典经济学反对国家干预经济生活，影响了国民经济的发展。

第三，新古典经济学的思想。19 世纪中期后，资本主义国家出现一种新的占据主导地位的思想。例如瓦尔拉斯、杰文斯以及门格尔等学者提出的效用价值的理论。他们强调商品价值取决于人们对商品的真实评价，新古典经济学并不是传统意义的生产投入。这一理论与劳动价值论有显著的区别，因此否定后者产生的边际效益。在《经济学原理》中，马歇尔主张均衡价格论，这一理论基于边际生产率分配以及供求论等诸多理论基础。均衡价格论之所以被称为新古典经济学，是因为新古典经济学证明市场是一只"看不见的手"。

第四，凯恩斯主义经济学的思想。在复杂的经济环境背景下，20 世纪 30 年代，有学派形成凯恩斯主义经济学。凯恩斯主义经济学这一学派，经历了经济危机，且满足当时统治阶级的需要，可以说凯恩斯主义经济学是一门新的经济学体系。凯恩斯主义经济学与新古典经济学不同，凯恩斯经济学针对就业理论进行深入的批判。新古典经济学传承重商主义经济学的核心内容，强调国家干预市场经济，并且，该学说借鉴其他学者的理论，例如马尔萨斯的消费需求不足学说，孟德维尔的高消费促进繁荣学说等。对于凯恩斯主义经济学，学者认为国家不应该采取自由放任的政策，经济发展只有在政府的引导下，才可以得到发展。国家也对传统的经济做出适当的改革，特别是财政赤字的问题，学者认为这不是危险的现象，国家适当采取通货膨胀可以稳定经济。

第五，20 世纪中后期的各经济学流派。20 世纪 70 年代，经济学派又出现根本的变革。其中，最具代表性的是新凯恩斯主义。20 世纪 80 年代，新凯恩斯经济学比较流行，传统凯恩斯经济学中的观点遭到批判。新凯恩斯经济学界定了国家的宏观经济及其与微观经济的关系，新凯恩斯主义建立在传统凯恩斯主义的基础上，必须充分发挥经济作用，进一步优化市场的经济行为。但任何观点和学说不能完全否定过去的观点。如果随意夸大经济学家的观点，并不能促进经济的发展。

于是，新凯恩斯经济学继承了传统凯恩斯经济学中关于国家干预经济生活的观点，汲取新古典经济学的重要观点。同时，新凯恩斯经济学基于过去的经验，重新定义国家干预经济的理论，主要关注微观经济。这样，新凯恩斯经济学促使国家的宏观经济与微观经济表现出相对平衡的状态，提升国家干预经济理论水平。

二、城乡统筹理论

（一）城乡融合发展的理论

《资本论》中，马克思运用历史唯物主义观点，以杜林为代表的"新社会主义理论家"对城乡关系的理论进行深刻的批判和反驳。有的研究者认为，一切生产的基本形式是分工，城市和乡村的分离是第一次社会大分工引起的。马克思、恩格斯将杜林提倡的城乡分离"按事物的本性来说是不可避免的"论断看作狭隘的观念和剥削阶级的思维方式，是一种造成了工业和农业之间鸿沟不可填平的困惑观点。马克思、恩格斯分析现实的工业和农业之间存在连续过渡。在特殊的情况下，城市和乡村之间的对立状况会逐渐减弱。以欧文和傅立叶为代表的空想社会主义学家，倡导城市和乡村之间的不对立，要求从事农业和工业工作的人们尽可能地调换工种，通过人的全面的实践活动实现人的全面发展。马克思、恩格斯认为，资本主义生产的根本条件是资本向城市集中，工业生产带来的弊端迫使资本从工业转移至农村，使得消灭城市和乡村的对立成为可能，加之工业生产的本身需要，城乡的融合发展必然出现。城乡实现融合发展的必要环节有：首先，必须弱化工业的资本主义性质；其次，需按照统一的计划协调生产，工业结合自身的发展原则分布；最后，通过大力发展社会生产力推进城市化进程。马克思、恩格斯关于城乡融合发展的思想可以概括为以下观点：伴随社会生产力的不断发展，推进工业化城镇化，逐渐缩小至最终没有城乡差别，这是社会主义的历史任务，城乡人口的生活条件逐步接近才有可能缩小城乡差别，达到融合。

马克思、恩格斯等人创立城乡融合发展理论，深刻揭示城乡发展的必然规律，这为党长期以来的"三农"问题提供了指导和价值遵循，对新时期的乡村振兴战略的实施有科学的理论意义和现实价值。

（二）城乡的辩证关系

老一辈无产阶级革命家始终将马克思主义基本原理结合中国革命和建设的具体实际，主张辩证地理解城乡关系的发展规律，充分发挥乡村的主观能动性并加以调整。

在革命时期，中国共产党没有盲目地崇拜"城市中心论"，没有教条化地照搬由城市包围农村的道路，而是开辟了农村包围城市的革命道路，历史和实践证明农村包围城市的道路符合中国实际。在《抗日民族战争与抗日民族统一战线发展的新阶段》文献中指出，在敌人侵占我国主要大城市和交通路线，共产党人面临占据乡村艰难情况的背景下，指出战胜敌人的艰巨性和长期性。同时，中国共产党认为，我国的城市与乡村关系不同于资本主义国家的统治与被统治关系，两者存在根本的区别。中国的乡村战胜城市，具备三位一体的优势：

第一，在半殖民地背景下，农村集聚了人力、物力、财力等资源。

第二，国家的优势使敌人分散兵力。

第三，世界和国家的变化对中国有利。

因此，国共两党一定能战胜盘踞在中国城市的敌人。1949年3月，在党的七届二中全会上指出，目前国家的工作重心是乡村转移到城市的问题，走农村包围城市的路线，为中华人民共和国成立初期的国民树立了正确的发展观。在1927年大革命失败后，中国共产党首次提出工作重心由乡村转移至城市，结束开展多年的乡村包围城市战略。同时，中国共产党强调不能忽视乡村的发展，需城乡兼顾，统筹发展，促使城市工作和农业、农村、农民问题有机联系起来。城乡统筹发展也是中国共产党人运用马克思主义辩证唯物史观，解决中国自身问题的根本要求。在革命战争时期，中国共产党对城乡关系的分析牢牢立足于中国的具体国情。

在社会主义建设时期，党的八大报告中，党中央明确提出集中力量发展社会生产力，逐渐将我国从落后的农业国转变为先进的工业国。城市是一个集中地，代表着各种生产要素的聚合地和生产关系，现代化的城市对农村经济社会发展可以带来辐射和带动作用。1956年，《论十大关系》被提出，第一个提到重工业和轻工业以及农业的关系，认为需处理好城乡之间的产业分工和产业布局问题。党中央提出，发展农业并保证工业发展过程所需的粮食和原料。所以，中国共产党深刻理解并指出城市和乡村、工业和农业之间相互促进、协调互补的发展规律。从1953年到1957年，国家完成"一五"计划，对农业、手工业和私营工商业进行社会主义改造，根本现象有：我国建立了社会主义制度；从经济发展角度，国家正确处理各种复杂的发展问题，如经济发展中的指导思想，经济发展的积累与消费问题，特别是综合平衡发展问题，重点建设和全面安排等统筹考虑。第一个"五年计划"的重点是重工业，在优先发展重工业的同时，有效地促进农业和轻工业的增产，同时带来工业和农业、重工业和轻工业协调发展，保证国民经济的发展。1957年10月党的八届三中全会，党中央进一步指出"以重工业为中心，优先发展重工业"这一条毫不动摇。但是在这个条件下，必须实现工业和农业同时并举，逐步建立现代化的工业和现代化的农业。所以，党中央将农业和工业放在同等重要的位置，认为建立国家现代化工业的同时，现代化农业不可或缺。城乡统筹兼顾发展的思想，是党中央建设城乡关系的重要原理，也是马克思主义的城乡关系理论的发展和延续。

（三）中国特色社会主义的城乡关系理论

现有的中国特色社会主义城乡关系理论，是新时代城乡融合发展的理论基础。1978年改革开放以后，和平与发展成为时代主题。党的十一届三中全会指出，国家的工作重点仍然是社会主义现代化建设，强调解决国民经济发展的比例失调问题，需集中精力搞好农业。随后，国家借助提高农副产品的收购价格，不断发展经营，建立农业生产责任制等政策制度，补充农业合作化后期的农村工作问题。

中国共产党始终强调农业的基础，指出工业和农业之间相互依存的耦合关系。工业支援农业，促进农业现代化，是工业的重大任务。国家促使工业和农业在产、供、销等方面的紧密合作，城乡的发展才能迈入协调互动的轨道。城乡互动协同发展的思想，为农村经济体制改革寻找到了切入点，为城市的经济体制改革指明了方向。随着改革开放的进程，国家深入发展市场经济，城乡之间的要素资源流动态势逐步形成，农村位于城乡发展边缘化的地位，城乡之间的差距逐步扩大。如何协调城乡之间关系，党中央面临迫切需要解决的难题。党的十五大报告从产业体系的角度分析社会主义初级阶段的现代化，认为其包含着农业和服务业的现代化，现代化的农业和服务业与现代化的工业具有同等重要作用。"三农"问题一直是我国城乡协调发展的基础问题。"城乡协调发展"的重点在于进一步打破城乡之间的阻碍，促进城乡相互支援，共同发展。但是"以工促农，以城带乡"的城乡发展模式并没有取得明显的效果，反而使城乡之间要素流动加速，同时城乡发展差距扩大，"三农"问题突出。

21世纪，党中央提出科学发展观，国家的战略由重点发展走向统筹发展，城乡统筹发展是重中之重。城乡统筹发展的逻辑是国家重点扶持农业、农村，实现城乡统筹，实现工农的均衡发展、协调发展。

我国的城乡关系一直处于动态演变之中。乡村振兴战略是基于马克思主义城乡关系理论与中国特色社会主义现代化建设的新的理论成果。党的二十大报告就全面推进乡村振兴进行了全面而又细致的战略部署：坚持农业农村优先发展，扎实推动乡村产业、人才、文化、生态、组织振兴，全方位夯实粮食安全根基，保障种粮农民受益，发展乡村特色产业，建设宜居宜业美丽乡村，巩固和完善农村基本经营制度，发展新型农业经营主体和社会化服务，完善农业支持保护制度……每项部署背后都倾注着党中央对"三农"工作的关心重视，凝聚着党中央的集体智慧，彰显着党中央的高瞻远瞩和深邃思考。新时期的城乡协调发展理论和21世纪的城乡统筹发展理念一脉相承。

新时期，我国经济、科技、社会、文化快速发展，国家的整体经济实力不断增强，国家的城乡协调问题不断地被提上议事日程。党的十八大以来，党中央对于区域协调发展提出一系列重要论述，国家采取一系列创新举措，使区域经济发展取得重大战略成果。党的十九大报告明确提出"贯彻新发展理念，建设现代化经济体系"的核心观点，其中的理念有"实施区域协调发展战略"。党的二十大报告指出，高质量发展是全面建设社会主义现代化国家的首要任务。要坚持以推动高质量发展为主题，把实施扩大内需战略同深化供给侧结构性改革有机结合起来，增强国内大循环内生动力和可靠性，提升国际循环质量和水平，加快建设现代化经济体系，着力提高全要素生产率，着力提升产业链供应链韧性和安全水平，着力推进城乡融合和区域协调发展，推动经济实现质的有效提升和量的合理增长。

目前，国家的城乡统筹发展理念是变革"城市工业、农村农业"的二元思维模式，国家将城市和农村的发展深刻地结合起来，城乡统筹发展是一种新的可持续发展模式。城乡的统筹发展可以推进我国逐步建设成社会主义现代化强国。城镇化水平的持续提高促使大量的农民转移就业、提高收入。农民通过转为市民参与先进的现代化公共服务，城镇化的消费群体逐渐扩大，实现城乡消费结构转型升级。城乡的消费潜力得到释放，这进一步改变了城市的基础设施，推动城市的公共服务设施投入大量的建设，为经济社会的发展提供持续的动力。城镇化还可以促进农村人口流向城市，这为农业创造出市场需求，适时、适度地发展规模经营，转变农业的发展方式，为生产方式创造空间。因此，应加快城乡统筹发展，进行二元体制改革，推动城乡户籍流动，改革农村的土地制度，加强农村的劳动力以及资金市场化制度等，统筹协调，综合考虑，建立工农一体化的经济发展模式。以全面实现小康社会为抓手，并采取统筹兼顾的思路，解决城乡问题。

三、社会主义新农村建设的理论

社会主义新民主主义时期提出的相关理论和政策措施，总体上是新民主主义时期到解放初期农村的建设思想和理论框架，社会主义新农村建设理论服务于中华人民共和国的新农村建设。在社会主义改造阶段和社会主义改革开放阶段，社会主义农村建设理论主要是"三农"问题及"三农"与国家的社会主义现代化建设的重大使命问题。党的十六届五中全会强调社会主义新农村的建设，按照"生产发展、生活宽裕、乡风文明、村容整洁、管理民主"的总体布局，不断扎实实现社会主义新农村的进步。党的十九大报告中首次提出乡村振兴战略，不断建立健全城乡融合发展体制以及政策保障制度，加快形成社会主义的农业、农村、农民现代化。党的二十大报告提出，全面推进乡村振兴。坚持农业农村优先发展，坚持城乡融合发展，畅通城乡要素流动。因此，乡村振兴战略理论基础不仅包括新农村建设理论，还包括农业、农村、农民等"三农"现代化理论。

"三农"现代化，反映出乡村在新时代发展中的价值提升。"产业兴旺、生态宜居、乡风文明、治理有效、生活富裕"的目标实现，既是新时期国家对现代化农村建设的目标，也是国家对农村的未来发展提出的关键要义。

首先，乡村农民发展新兴产业，增加农业收入。在建设社会主义新农村时期，关键在于促进农民增收。当前，中国的经济发展态势迅猛，经济的通胀率持续上涨，农村居民城市化进程中的成本也逐年提升。国家促使农民增加收入，健全相关的利益，持续提高农民的粮食收购价格，加大农村的农业财政补贴。例如，进行农业补贴，促进农民对农业生产的积极性，这对农民的增收起到了良好的作用。

其次，国家通过社会主义新型城镇的建设，不断改变农村农民的生存生产环境。农村居住环境的改变，是社会主义新农村建设的关键内容，同时也是新农村建设的要义之一。如何把社会主义新农村建设为生产、生活、生态相互协调一致、相互支撑的环境体系，已经是社会主义新农村建设的根本。各级地方政府从当地的实际情况出发，落实统筹规划，因地制宜地进行乡村振兴，开展量力而行的乡村活动，坚持农民的主体地位，实现乡村和城市融合发展。通过农村居民的主体能动，展现乡村的特色文化，传承乡村的传统文化，推进乡村的居住环境美化及生产生活环境综合治理，体现社会主义新农村建设的特色。

再次，培育新型农民。进入新时代，需要职业化农民、高素质的经纪人和乡村管理人才。围绕新时代要求，必须加强农民基础教育和职业技能培训，推广农业科技，固农村管理人才队伍。国家培养一批有文化、懂技术、会经营、会守法、文明的新型职业农民。

最后，国家树立农村新风尚。例如，构建乡村的民主法治制度，发展和谐的生态环境，倡导乡村的新风尚，推进乡村的精神文明建设，引导农民的思想，促进新型农民群众树立正确的人生观、价值观。

四、乡村多功能性理论

乡村是一个由经济、社会和环境构成的复杂生态系统，系统中各因素的不同组合能够形成不同的功能类型和功能强度，这些功能的发挥使乡村的经济、社会、生态功能又得到进一步的增强。从乡村空间角度来看，乡村是农民工作、居住和生活的空间环境，其本质是人类对乡村空间占用及使用的普遍形式，这种形式由于不同于工业化城市而丰富了人类的生活。

多功能性是乡村地域的本质特征，多功能要素的分化整合是乡村社会发展的动力机制。随着工业化和城镇一体化的发展，乡村功能呈现出更显著的多元化趋势，涵盖了多方面的功能（图3-1），具体如下：

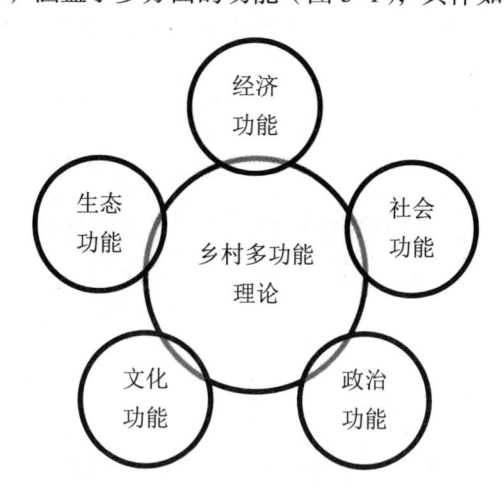

图 3-1 乡村多功能理论

（一）经济功能

乡村经济是乡村全方位发展的动力和保障。乡村的经济功能主要体现在向社会以价值形式提供乡村产品，这也是乡村产业的基本功能之一，它的核心作用是满足人类赖以生存和发展的基本物质需求。增强乡村振兴的经济动力，对国民经济发展起着重要的基础性支撑作用。乡村的经济功能还表现为保障国民经济的可持续发展，主要体现在提供农产品、开拓市场、提供生产要素和促进外汇收入等方面。

（二）社会功能

乡村的社会功能主要体现在提供劳动就业和基本的社会保障，促进乡村社会全面发展。乡村发展不仅能够为乡村人口创造就业机会，还对乡村产品的质量、数量和安全性产生直接影响，满足人们对健康、最基本的生存需求以及环境美感需求的更高期望，这些都是乡村社会功能的发展。乡村作为以农业生产为主体的区域，为人类生存提供了一种新的选择，乡村生活也很好地丰富了社会发展的内涵，是社会发展的有益补充。

（三）政治功能

乡村的政治功能主要体现为乡村在维护社会政治稳定中的作用。乡村生产方式决定着乡村组织体系的构成，而乡村发展状况在很大程度上决定着基层社会秩序。由于我国乡村人口比重较大，乡村发展与大部分人的切身利益直接相关，因此，乡村稳定对整个国家的稳定发展至关重要。同时，乡村农产品是国家进行战略储备必不可少的物资，因此，乡村发展是实现国家稳定和长远发展的重大战略，具有重要的政治功能。

（四）文化功能

乡村的文化功能主要体现在保护文化多样性和具有教育、审美及休闲等方面的作用。一方面，乡村一般起源于古老的聚落，蕴藏着丰富的文化渊源；另一方面，乡村的淳朴气息能够帮助人们树立正确的价值观、世界观和人生观，有利于形成人与自然和谐发展的局面。

（五）生态功能

乡村的生态功能主要被理解为推动乡村发展风貌的职能，以保护和改善环境为具体体现。乡村区别于城市最直接的功能就是生态功能，而保护和发展乡村生态功能对乡村经济发展的可持续性具有积极的、显著的正效应，对改善人类的生活环境，保护生物多样性，防范自然灾害，推动乡村第一、第二、第三产业融合与协调发展等，都起着积极和重要的正向作用。

乡村的多种功能之间是相互依赖、相互促进和相互制约的。就经济功能而言，其功能效应的有效发挥不仅对乡村总体功能的实现产生影响，而且其蕴含的价值潜能还可以直接或间接地影响乡村社会、乡村生态、乡村文化和乡村政治功能的发挥，其他功能亦是如此。

五、创新发展理论

中国共产党提出落实创新驱动发展战略的要求，为社会主义新农村建设提出了新的发展思路和指南。实施农业创新驱动发展战略首先应整合现有的创新资源，尤其是土地资源。通过土地制度改革调动各个方面的积极性，引导金融资本、社会资本进入农村，进一步加强和规范农村建设用地。国家逐步扩大试点方案，积极做好农村土地整治，重点推进房地一体的农村集体建设用地和宅基地使用权登记颁证。国家根据农民闲置宅基地和闲置农房相关政策，积极探索宅基地所有权、资格权、使用权"三权分置"的工作。

通过建立现代化农业产业科技创新中心，推进资源开发共享与服务平台基地建设。加强对农业科技前沿问题研究，提升农村内部创新能力。国家加大实施乡村农民的种业自主创新重大工程，联合攻关主要农作物良种，加快农业的机械化生产，培育优质、高产、多抗、广适品种，加强中低产田改良等科技研发。

为更好实现"三农"的创新驱动发展战略，需要建立完善的创新体系，还需要完善农村创新激励机制。例如，通过农业的创新补助方式支持现在的农业科技创新。国家培养农业科研杰出人才，深入推进科研成果权益改革试点。国家发展面向市场的新型农业技术研发、成果转化和产业孵化机构。国家采取创新驱动发展战略，培养创新人才有效解决农民问题。建立政府主导、部门协作、统筹安排、产业带动的培训机制；深入推进现代青年农场主、林场培养计划和新型农业发展需要的新农民；鼓励地方高等学校、职业院校开设乡村规划建设、乡村住宅设计等相关专业和课程，培养一批专业人才，扶持一批乡村工匠。实施创新驱动发展战略，实现经济发展从数量向质量效益转变的策略，提升农村及社会的现代化水平，最终实现整个中国城乡的全面现代化。

第三节　乡村振兴战略的内容及要求

乡村"五大振兴"涵盖经济、政治、文化、社会、生态文明等方方面面，与"产业兴旺、生态宜居、乡风文明、治理有效、生活富裕"总要求一脉相承，是乡村振兴战略的核心内容和主要抓手。乡村"五大振兴"各有侧重、相互作用，必须准确把握其科学内涵和目标要求，聚焦关键环节，明确主攻方向，统筹谋划新时代农业农村现代化的实现路径。

一、发展乡村产业，实现产业兴旺

产业振兴是乡村振兴的物质基础。[1]产业是农村经济的重要基础，事关农业现代化、农村生产力解放，事关农村劳动力就近就地就业、农民增收致富。推进乡村产业振兴，要让农村产业提质增效，让农民增收致富。

（一）乡村产业的内涵及业态

一般而言，产业是指由利益相互联系的、具有不同分工的、各个相关行业所组成的业态总和。在经济研究和经济管理中，通常可采用三次产业分类法来界定产业：第一产业为农业（含种植业、林业、牧业和渔业），第二产业为工业（含采掘业、制造业、电力、煤气、水的生产和供应业）和建筑业，第三产业为上述产业以外的其他各业，可分为流通和服务两大部门。农村产业从理论内涵上讲包括三次产业，即农业、农村工业、农村服务业，从发展演变过程中的表现特征上看，农村产业是指根植于农业农村、服务于当地农民，能够彰显地域特色、体现乡村气息、承载乡村价值的产业。

当前，随着国家乡村振兴战略的推进实施以及制度、技术和商业模式创新的持续推进，我国农村产业正由传统业态向新产业、新业态、新模式加速转变，农村第一、第二、第三产业交叉融合发展的趋势越来越明显。研究认为，可以从传统农村产业和农村新产业、新业态、新模式两个方面来分析我国乡村产业振兴中的农村产业业态。

1. 传统角度：传统农村产业

从传统角度分析，传统农村产业的主要业态包括农业、农产品加工业、手工业、农村建筑业、农村运输业、农村商业等。

（1）农业。农业是以土地资源为生产对象，生产动植物产品和食品、工业原料的产业。广义农业包括了种植业、林业、牧业、渔业等产业形态。其中，种植业利用土地资源进行种植生产，即狭义农业，包括粮食作物、经济作物、饲料作物和绿肥等的生产，通常用粮、棉、油、麻、丝（桑）、茶、糖、菜、烟、果、药来代表，其中粮食生产占主要地位；林业利用土地资源培育、采伐林木；牧业利用土地资源培育或者直接利用草地发展畜

---

[1]董向东.产业振兴是乡村振兴的基础[J].甘肃农业，2019（2）：49-52.

牧；渔业（又称为水产业）利用土地上水域空间进行水产养殖。

总之，农业是衣食之源，是支撑国民经济建设与发展的基础产业。同时，农业的功能也是动态化的，其基本功能随着经济发展和社会进步而不断拓展深化。当前，农业的新功能日益凸显，农业功能的多样化趋势更加明显。今天，农业不仅为我们提供所需的农产品，提供大量的就业岗位，还要提供良好的生态系统，以及生活、教育和文化载体等多样化功能。

（2）农产品加工业。农产品加工业是以农林牧渔产品及其加工品为原料所进行的工业生产活动。农产品加工业连接工农、沟通城乡，行业覆盖面宽、产业关联度高、带动农民就业增收作用强，是农村产业融合的必然选择，已经成为农业现代化的重要标志。从统计意义上讲，食品加工及制造、饮料制造、纺织服装及其他纤维制品制造、皮革毛皮羽绒及其制品、木材加工及木竹藤棕草制品、烟草加工、家具制造、造纸及纸制品和橡胶制品等行业与农产品加工业有关。随着生物技术、食品化学及其他相关学科的发展，基因工程、膨化与挤压、瞬间高温杀菌、真空冷冻干燥、无菌贮存与包装、超高压、微胶囊、微生物发酵、膜分离、微波、超临界流体萃取等高新技术广泛应用于农产品加工领域；这些高新技术带动无菌包装、膜分离、超微粉碎、速冻和果蔬激光分级、清洗、包装等加工设备的高新化，而高新技术和设备使农产品精深加工能力持续提高，对植物根茎花叶果和畜禽、水产品的综合利用已成为农产品加工业的重要发展方向。同时，从全球范围来看，加工产品向安全、绿色、休闲方向发展；加工原料向专用化品种方向发展。

（3）手工业。手工业与农业联系紧密，属于农民副业性质的家庭手工业，是指通过手工劳动，使用简单工具从事小规模生产的工业，是农业文明的产物。最初，手工业与农业融为一体，指农民把自己生产的农副产品作为原料进行加工，或是制造某些劳动工具和日用器皿。后来，手工业从农业中分离出来，形成了独立的个体手工业，其特点是以一家一户为生产单位，以家庭成员的手工劳动为主要生产形式，一般不雇用工人或只雇用做辅助性工作的助手和学徒。手工业能够使民族优良传统得到发扬和创新，发展手工业对生产日用消费品、创作艺术珍品，满足人民的物质文化生活需要、增加就业机会、促进农民增收等起着重要的作用。改革开放后，手工业品在国际国内两个市场的消费潜力不断释放。

（4）农村建筑业。农村建筑业是农业经济发展和农村产业结构调整的重要内容，对农村经济社会发展、农村剩余劳动力就业具有重要意义。农村建筑业的发展经历了农村"泥瓦匠"、农村建筑队和集体建筑企业等形态，是农村吸纳劳动力多、产值高的行业，还能带动与其相关联的建筑建材、构件预制、铁木配件、水暖器材、装潢修理和运输等产业发展。目前，顺应农村第一、第二、第三产业融合发展需要，农村建筑业正展现出由住宅服务功能向乡村旅游、乡村民宿、空间—产业联动更新改造等综合服务性功能和新业态转变。

（5）农村运输业。农村运输业主要包括物流服务和客运出行两个方面。农村物流作为联系城市和农村、连接生产和消费的纽带，主要服务于农产品进城和工业品下乡，不仅关系到农业的生产资料供给、农民日常的日用工业品需求，更关系到农产品的对外流通和农民的收入增长。近年来，随着网络购物、农村电商、农业生产龙头企业的不断涌现，农村物流覆盖的范围更加广泛，已成为农村经济的新增长点，对我国农村经济发展的作用日益显现，具有巨大的潜在市场需求。与农村物流主要着眼于服务"物"流不同，农村客运则主要着眼于服务"人"流，农村客运以农村居民安全、便利出行为目的，依托"四好农村路"，建设乡镇客运站、村级招呼站点等，通过公交化、固定时间、灵活班次等运营服务模式，提供连接城乡、相互衔接的城乡客运一体化服务。

（6）农村商业。农村商业是释放农村消费市场的重要支撑。农村商业以农民为消费主体，以农贸市场、超市、夫妻店、连锁店、供销社等为商业主体，涵盖了农资、农机、家居、家电、建材、酒水、日用品等多种零售业态，其消费需求具有信赖熟人、讨价还价、就近购买、即买即用等基本特点。随着互联网技术的发展，新理念、新技术、新模式等催生了农村商业新的市场需求。数字化基础设施在农村地区加快布局，农村电商、移动支付等开始为农村的消费和零售带来新的改变，并推动农村商业由单纯的商品买卖向经营城乡资源转变，不断提升"互联网+农村商业"模式生态价值，持续释放农村消费市场的巨大红利。

2. 现实需求：农村新产业新业态新模式

从现实需求分析，顺应农业供给侧结构性改革的要求和农村居民消费拓展升级趋势，上述传统农村产业正深度融合发展，并孕育催生出一些农村新产业、新业态、新模式。

（1）休闲农业和乡村旅游。休闲农业和乡村旅游是农业旅游文化相互渗透，生产生活生态同步改善，农村第一、第二、第三产业深度融合的新产业、新业态、新模式。目前，休闲农业和乡村旅游呈现持续较快增长态势，对农业农村经济发展和农民就业增收发挥着越来越重要的作用，将成为拓展农业多功能性、促进资源高效用、满足新兴消费需求的朝阳产业。

（2）农村电子商务。农村电子商务是农产品流通和农业生产资料销售的新业态，也是创新农村商业模式、丰富农村商业服务内容、完善农村现代市场体系的必然选择，更是转变农业发展方式的重要手段和实施精准扶贫的重要载体，对调整农业结构、增加农民收入、释放农村消费潜力等都具有明显作用。

（3）设施农业。设施农业是一种具有活力的现代农业经营新模式，通过采用现代化的农业工程和机械技术，为植物、动物生产提供适宜的温度、湿度、光照、水肥和空气等环境条件，在一定程度上摆脱对自然环境的依赖，进行有效生产的农业，具有高投入、高技术、高品质、高产量和高效益等特点。设施农业包括设施栽培、饲养，还包括各类玻璃温室、塑料大棚、连栋大棚、中小型塑料棚及地膜覆盖等。

（4）智慧农业。智慧农业是综合应用物联网、大数据、人工智能等现代信息技术形成的一种新业态，其集成了应用计算机与网络技术、物联网技术、音视频技术、3S 技术、无线通信技术，依托布置在农业生产现场的各种传感节点（如环境温湿度、土壤水分、二氧化碳、图像等），实现对农业生产环境的智能化感知、预警、决策、分析以及专家在线指导，为农业生产提供精准化种植、可视化管理。

（5）共享农业。共享农业是利用互联网技术，集聚需求方分散、零碎的消费信息，并与供给方精准匹配对接，实现对农业资源重组的一种新模式。共享农业通常贯穿农业产业链的全过程，目前正向共享农庄、共享农机等具体的形态发展，将成为深化农业供给侧结构性改革的新引擎，培育农业农村发展的新动能。

（6）认养农业。认养农业是一种农事活动新模式，指消费者预付生产费用，生产者为其提供绿色、有机食品，并建立生产者和消费者风险共担、收益共享的一种生产方式。认养农业作为乡村共享经济的一种形式，今后将慢慢向旅游、养老、文化等更多的产业领域渗透融合，并与农村其他经济形态形成集成创新。

（7）文创农业。文创农业是指利用文艺创作的思维，将文化、科技与传统农业要素相融合，开发、拓展传统农业功能来提升、丰富传统农业价值的一种新业态。

（8）农光互补。农光互补是指结合发展设施农业，通过建设棚顶光伏工程实现清洁能源发电，并将光伏科技与现代物理农业有机结合，在棚下发展现代高效农业，实现光伏发电和农业生产双赢的一种农业能源新模式。

（9）农业生产性服务业。农业生产性服务业是顺应农村社会结构和经济结构的发展变化需要，以农资供应、农技推广、农机作业、疫病防治、金融保险、产品分级、储存和运输、销售等社会化和专业化服务为主要内容，为农业生产提供产前、产中、产后等农业全产业链服务的一种新型业态。

（10）农业公园。农业公园是指以经营公园的思路，主要依托农田和村庄，将农业生产、乡村生活、农耕文化体验相结合的生态休闲和乡土文化旅游模式。农业公园以原住民生活区域为核心，通过农业生产现代化、农耕文化景观化、郊野田园生态化、组织形式产业化、乡村景观园林化等形成农业旅游的高端业态，成为吸引农业消费的新模式。

（11）田园综合体。田园综合体以农民合作社为主要载体，是集循环农业、创意农业、农事体验于一体的综合发展新模式。其主要特征是结合农村产权制度改革推动现代农业、休闲旅游、田园社区的一体融合，实现城市与乡村互动发展，促进乡村现代化、新型城镇化、城乡融合发展的一种可持续模式。

（二）乡村产业振兴的思路

围绕农业多元化功能拓展和农村发展活力释放，以加快农业现代化和推动农村产业深度融合为重点，以农业供给侧结构性改革为主线，以建立完善现代农业产业、生产、经营三大体系为着力点，提高农业综合生产力，提升农业装备和信息化水平，促进小农户生产和现代农业发展有机衔接，增强农业创新力和竞争力，加快实现农业现代化；优化农村生产力布局，着力打造农村产业发展的新载体新模式，培育新产业新业态、挖掘新功能新价值，促进农村第一、第二、第三产业深度融合发展，提高农民参与程度，创新收益分享模式，激发农村创新创业活力，并形成完善的紧密型利益联结机制，让农民更多地分享产业融合发展增值收益。

（三）乡村产业振兴的举措

把握住农村第一、第二、第三产业深度融合发展的趋势，以"质量兴农、绿色兴农，品牌兴农"引领现代农业体系建，推动农业转型升级，发展壮大农村产业，激发农村创新创业活力，实现农民生活富裕，为早日全面实现乡村振兴战略提供牢靠的物质支撑。

第一，以农业供给侧结构性改革为主线，加快农业现代化步伐。坚持质量兴农、品牌兴农，在加强耕地保护和建设、健全粮食安全保障机制的前提下，进一步优化农业生产力空间布局，深入推动农业结构调整，夯实农业生产能力，提高农业科技创新及转化应用水平，加快培育特色优势产业、农业品牌，提升农产品价值；巩固和完善农村基本经营制度，构建家庭、集体、合作组织、企业等共同发展的新型农业经营体系，壮大家庭农场、农民专业合作社、农林产业化龙头企业等经营主体，发展适度规模经营；积极引导小农户生产进入现代农业发展体系，鼓励新型农业经营主体与小农户开展深度合作经营，加快完善多种形式的契约型、股权型等利益联结机制，创新融合模式，推动农村第一、第二、第三产业深度融合，探索多元化、混合型的现代农业发展道路。

第二，以优化升级为导向，推动农村传统非农产业转型发展。实施农产品加工业提升行动，建设一批农产品加工技术集成基地，升级一批农产品精深加工示范基地，提高产业集中度和精深加工能力，推动农产品加工业转型升级；结合休闲农业和乡村旅游发展需要，打造升级一批美丽乡村、休闲农庄（园）、乡村民宿、森林人家、康养基地、农村"星创天地"等精品工程，引领乡村建筑业转型发展；实施电子商务进农村综合示范项目，加强农商互联，推动农产品流通企业与新型农业经营主体对接，发展农超、农社、农企、农校等产销对接的新型流通业态，倒逼农村运输业、农村商业转型发展；围绕乡村旅游发展需求，振兴传统手工艺，培育发展一批家庭工场、手工作坊、乡村车间等，打造民族特色手工商品品牌，满足国内外市场消费的新需求，持续增加农民收入。

第三，以就地就近就业创业为导向，大力培育新产业、新业态、新模式、新载体。大力发展休闲农业和乡村旅游，顺应城乡居民消费升级需求，拓展农业农村的休闲观光、生态涵养等多元功能，实施精品工程，推动要素跨界配送和产业融合发展，增加乡村生态产品、乡村旅游服务等供给；培育壮大农村电子商务，完善农产品进城和城市商品下乡的渠道和标准；升级现代农业产业园、农业科技园区、农产品加工园、农村产业融合发展示范园等平台载体，发展集科技、人文等元素于一体的共享经济等新业态，促进新产业、新业态等多模式融合发展；发展"一站式"农业生产性服务业，构建适应农业现代化发展的新型农业社会化服务体系；培育一批"农字号"特色小镇、一批特色商贸小镇，推动田园综合体试点建设和农业循环经济试点示范；加快培育农商产业联盟、农业产业化联合体等，延伸产业链、提升价值链，探索形成产加销一体的全产业链集群发展格局。

二、培养乡村人才，提高致富能力

人才振兴是乡村振兴的关键所在。无论是产业发展还是乡村建设，农业农村人才队伍都是支撑乡村振兴的根本基础，是推动乡村发展振兴的一股重要力量。推进乡村人才振兴，要凝聚乡村发展的"人气"，充分激发乡村现有人才活力，把更多城市人才引向乡村创新创业，全面激发乡村发展的活力与动力。

（一）乡村人才的内涵及其类别划分

乡村人才不仅限于狭义上的农村本地人力资源，广义上讲，乡村人才应该包括能在农村广阔天地大施所能、大展才华、大显身手的各类农业农村人力资源。从人才来源看，乡村人才主要包括农村本土人才、返乡创业人才（返乡农民工、大中专毕业生、退伍军人等）、城市下乡人才、驻村干部和大学生村官等。我们认为，可以重点从乡村人才的领域类别来分析乡村人才的内涵和特征。

从人才类别看，乡村人才主要包括农村实用人才和农业科技人才两大类。农村实用人才是指具有一定知识和技能，能为农业生产经营、农村经济建设和农村科技、教育、文化、卫生等各项事业提供服务的农村劳动者。主要包括以下六类。

（1）生产型人才，指在种植、养殖、捕捞、加工等领域有一定示范带动效应、帮助农民增收致富的生产能手，如"土专家""田秀才"和专业大户、家庭农场主等。

（2）经营型人才，指从事农业经营、农民合作组织、农村经济等生产经营活动的农村劳动者，如农民专业合作社负责人、农业生产服务人才、农村经纪人等。

（3）专业型人才，指农村教育、农村医疗等农村公共服务领域的专业技术人员，如农村教师、农村卫生技术人员等。

（4）技能型人才，指具有制造业、加工业、建筑业、服务业等方面特长和技能的带动型实用人才，如铁匠、木匠、泥匠、石匠等手工业者。

（5）服务型人才，指在农村文化、体育、就业、社会保障等领域提供服务的各类人才，如文化艺术人才，社会工作人员和金融、电商、农机驾驶及维修等技术服务人员等。

（6）管理型人才，指在乡村治理、带领农民致富等方面发挥着关键作用的干部和人员，如村两委成员、党组织带头人、驻村干部、大学生村官等。

需要特别说明的是，新型职业农民指以农业为职业、具有相应专业技能、收入主要来自农业生产经营并达到相当水平的现代农业从业者。从类别归属看，新型职业农民归属于农村实用人才，其在内涵上则涵盖了生产型、经营型两类，主要包括专业大户、家庭农场、农民合作社、农业社会化服务组织中的从业者。

农业科技人才则指受过专门教育和职业培训，掌握农业专业知识和技能，专门从事农业科研、教育、推广服务等专业性工作的人员。主要包括农业科研人才、农机人才、农技人才、农业技术推广人才、农村技能服务人才等。

（二）乡村人才振兴的思路

以市场化为导向，实行更加积极、更加开放、更加有效的农村育才、引才、聚才政策和乡村建设激励机制，合理引导工商资本入乡。培育新一代爱农业、懂技术、善经营的新型职业农民，培养以"三农"领域实用专业人才和农业科技人才为主体的工作队伍，鼓励社会各界、各类人才积极投身乡村建设，抓住实施乡村振兴战略的各类商机，大施所能、大展才华、大显身手，带动乡村大众创业、万众创新，培育农村发展新动能，提升农业价值、积聚农村"人气"、提高农民收入，逐步破解乡村振兴的人才制约难题，全面激发"三农"发展的活力动力。

（三）乡村人才振兴的举措

以培养造就一支懂农业、爱农村、爱农民的"三农"工作队伍为重点，积极培育本土人才，完善职业农民培育机制，鼓励和引导外出能人、城市人才返乡入乡创业创新，充分发挥农村贤人、能人、富人等对乡村振兴建设的示范引领作用，逐渐形成乡村人才济济、蓬勃发展之势。

第一，培养"三农"工作队伍。坚持农村基层党组织领导核心地位，拓宽农村选拔吸纳干部人才渠道，深入推进大学生村官工作，通过本土人才回引、院校定向培养等渠道储备村级后备干部。建立完善农村基层人才吸纳机制，把真正热爱农村、了解农村，把农民当亲人，把农村当家乡，扎根基层、能力突出、群众满意、示范带动作用强的农村干部人才留下来，稳定农村基层人才队伍。

第二，培养"三农"专业人才队伍。以乡村产业振兴为依托，加强涉农院校和学科专业建设，大力培育农业科技人才、农技推广人才和农村实用人才队伍，分门别类将人才进行纵横连线，构建农村专业人才网络体系，真正把各类人才凝聚起来，形成"三农"专业人才队伍优势。

第三，完善职业农民培育机制。实行分类递进培训，加强产业和人才需求对接，支持新型职业农民通过弹性学制参加中高等农业职业教育。支持农民专业合作社、专业技术协会、龙头企业等创新培训形式，探索田间课堂、网络教室等培训方式。加大"土专家""田秀才"农业职业经理人、经纪人、农村电商人才等乡土人才培养力度，在优惠政策、技术培训、信息服务、项目申报等方面给予倾斜和支持。鼓励开展职业农民职称评定试点。

第四，引导返乡入乡创业创新。整合科研机构、高校、企业人才资源，加强多元主体协同，推动政策、技术、信息、资本、管理等现代生产要素向农村集聚。实施农村双创百县千乡万名带头人培育行动方案，推进农村青年创业致富"领头雁"培养计划，鼓励农民就近就地创业、农民工返乡就业创业，加大各方资源支持本地农民创新创业力度。

第五，鼓励社会人才投身乡村建设。发挥农村实用人才"传帮带"作用和农村贤人、能人、富人示范引领作用，提高农村实用人才服务群众的能力和水平。制定激励机制，以乡情乡愁为纽带，吸引企业家、党政干部等各类社会人才和符合要求的公职人员投身乡村建设。进一步规范融资贷款等扶持政策，引导工商资本积极投入乡村振兴事业。

三、弘扬乡村文化，实现乡风文明

文化振兴是乡村振兴的重要基石。乡村是中华传统文化的家园，乡土文化是中华传统优秀文化的根底，乡土文化孕育守护着中华文化的精髓。推进乡村文化振兴，要提升乡村社会文明程度，形成文明乡风、良好家风、淳朴民风，让乡村得以安放"乡愁"，焕发乡村文明新气象，筑牢乡村振兴的文化之魂。

（一）乡村文化的内涵阐释

广义的文化包括价值、道德、习俗、知识、娱乐、物化文化（如建筑等）等，乡村文化从内容上也应涵盖这些方面。中国是一个农业大国，源远流长的农耕文明和乡土文化是孕育中华文化的母体和基础，人们对乡村文化有着浓厚的乡愁情结。中华优秀传统文化的思想观念、人文精神、道德规范等，都根植于乡土社会，源于乡土文化。

乡村文化是由乡村居民在长期生产、生活中形成的生活习惯、心理特征和文化习性，是乡村居民的信仰、操守、爱好、风俗、观念、习惯、传统、礼节和行为方式的总和，主要包括农村精神文明、农耕文化、乡风文明等。

农村精神文明是以社会主义核心价值观为引领，弘扬民族精神和时代精神，体现社会公德、职业道德、家庭美德、个人品德的思想文化阵地，各级政府通过文化服务中心、广播电视、电影放映、农家书屋、健身设施、文化志愿服务等形式和设施，向农村居民提供公共文化产品和服务。

农耕文化主要反映传统农业的思想理念、生产技术及耕作制度等农业生产方式的变迁，是农村社会的主要文化形态和主要精神资源。如"男耕女织"及传统的生产工具，田园风光及间作、混作、套作等生产技术，西南的梯田文化、北方的游牧文化、东北的狩猎文化、江南的圩田文化、蚕文化与茶文化、柑橘文化、蔬菜文化等，以及农业遗迹、灌溉工程遗产。

乡风文明则主要反映农村居民的生活方式、生活习俗等。如文物古迹、传统村落、民族村寨、传统建筑等生活空间；礼仪文化，如家庭为本、良好家风、中华孝道、尊祖尚礼、邻里和谐、勤俭持家等；民俗文化，如节庆活动（春节庙会、清明祭祖、端午赛龙舟、重阳登高等）、民间艺术（古琴、年画、剪纸等）、民间故事、民歌、船工号子等；传统美食和非物质文化遗产等。同时，基于农耕文化、乡风文明的保护传承，应将现代城市文明的价值理念与乡村特色文化产业发展相融合，不断赋予乡村文化新的时代内涵。

（二）乡村文化振兴的思路

坚持以社会主义核心价值观为引领，立足中国实际和乡村文化的特点及规律，把创造性转化、创新性发展贯穿于乡村文化振兴的始终，以乡村公共文化服务体系建设为载体，提供增量优质、形式多样的公共文化产品和服务，推进移风易俗，培育文明乡风、良好家风、淳朴民风，赋予乡村生活以价值感、幸福感和快乐感，激发人们愿意留在乡村生活、愿意到乡村消费的"乡愁"情结，全面繁荣乡村文化。

（三）乡村文化振兴的举措

坚持乡村文化事业和乡村文化产业发展并举，挖掘优秀传统农耕文化、乡风文明中蕴含的人文精神、道德规范，提升农民精神风貌，建设邻里守望、诚信重礼、勤俭节约的文明乡村。

首先，加强社会主义核心价值观统领的农村思想道德建设。加强爱国主义、集体主义、社会主义、民族团结教育。完善村规民约、家风家训，深入开展文明村镇创建活动，广泛开展星级文明户、文明家庭等群众性精神文明创建活动和好媳妇、好儿女、好公婆以及最美乡村教师、医生等评选活动，摒弃陈规陋习，形成孝敬父母、尊敬长辈的社会风尚。

其次，传承发展农村优秀传统文化。实施农耕文化传承保护工程，保护好文物古迹、传统民居、自然村落、农业遗迹等，推动优秀戏曲曲艺、少数民族文化、民间文化等传承发展。把乡村特色文化符号融入特色小镇、美丽乡村建设，打造诗意田园和生态宜居环境，重现人人向往的田园风光和令人回味的乡情乡愁。培育发展乡村特色文化产业，建设一批农耕文化产业展示区和农耕文化展览室，打造一批特色文化产业镇村，发展具有民族和地域特色的传统工艺产品。推动休闲农业、乡村旅游发展，促进乡村文化资源与城市现代消费需求有效对接。

最后，丰富乡村文化生活。健全乡村公共文化服务体系，加强基层综合性文化服务中心建设，推进数字广播电视户户通。完善农村电影放映、农家书屋服务、戏曲进乡村等文化惠民活动，探索开展"菜单式""订单式"文化惠民服务。鼓励各级文艺组织、文艺工作者开展"三农"题材文艺创作，深入农村进行惠民演出。支持文化志愿者策划一系列农耕文化与传统节庆衔接、农耕文化与田园体验衔接的节日民俗活动，广泛开展形式多样的农民群众性文化活动。完善村庄体育健身设施，传承和发展民族民间传统体育。

四、保护乡村生态，实现生态宜居

生态振兴是乡村振兴的内在要求。良好生态环境是农村的最大优势和宝贵财富。以绿水青山为底色、生态宜居为本色，是乡村"生态美"的体现。推进乡村生态振兴，要建设生活环境整洁优美、生态系统稳定健康、人与自然和谐共生的生态宜居美丽乡村，实现乡村绿色发展。

（一）乡村生态振兴的内涵

乡村生态振兴是一项系统工程，既涉及农村山水林田湖草等自然生态系统的保护和修复，也涉及农业生产方式和农民生活方式等人居环境，其中，农业绿色发展和农村人居环境的治理是至关重要的内容。乡村生态振兴的内涵主要体现在以下三个方面：

第一，发展绿色农业。绿色农业是指利用生态物质循环、农业生物学技术、营养物综合管理技术、轮耕技术等将农业生产和环境保护协调起来，在促进农业发展、增加农户收入的同时保护环境、提供绿色农产品。绿色农业及其产品具有生态性、优质性和安全性等特征。

第二，改善农村人居环境。农村人居环境以建设美丽宜居村庄为导向，以农村垃圾处理、污水治理和村容村貌提升为重点，旨在加快补齐乡村人居环境领域短板，并建立健全可持续的长效管护机制。

第三，保护和修复农村生态系统。增强生态产品供给能力，发挥乡村自然资源的生态、康养等多重价值，以"农村美"实现生产、生活、生态的和谐统一。

（二）乡村生态振兴的思路

以美丽中国建设为目标导向，牢固树立和践行"绿水青山就是金山银山"理念，结合农村生态环境突出问题，以加快转变农业生产和农村生活方式为重点，推动形成投入品减量化、生产清洁化、废弃物资源化、产业模式生态化的绿色农业生产方式，推动形成以农村垃圾、污水治理和村容村貌提升为导向的整洁优美生活环境，建成生态宜居、人与自然和谐共生的美丽乡村。

（三）乡村生态振兴的举措

推动农业绿色发展，持续改善农村人居环境，加强乡村生态保护与修复，全面提高农村的生态文明水平。

第一，探索建立农业资源休养生息制度。制定轮作休耕规划，切实保护好基本农田和基本草原等农业资源。划定江河湖海限捕、禁捕区域，实施海洋渔业资源总量管理、海洋渔船"双控"和休禁渔制度，保护好渔业资源。

第二，推动建立农业绿色生产方式。打好农业面源污染攻坚战，在完成化肥农药零增长的基础上，分阶段、分品种、分区域加快推进化肥和农药使用从零增长向减量使用转变，采用总量控制与强度控制相结合的办法，推动化肥和农药的使用量和使用强度实现"双下降"。发展农业循环经济模式,开展畜禽养殖废弃物资源化利用试点和绿色防控、秸秆综合利用、地膜治理试点,探索种养循环一体化、农林牧渔融合循环发展模式。

第三,大力实施农村人居环境整治行动。加快编制村庄规划,系统解决道路、农房、公共空间、产业发展等问题,全面提升村容村貌。建立健全农村生活垃圾收运处置体系,探索垃圾就地分类和资源化利用试点。实施"厕所革命",推进厕所粪污无害化处理和资源化利用。梯次推进农村生活污水治理,推动城镇污水管网向周边村庄延伸覆盖。

五、强化乡村组织,实现有效治理

组织振兴是乡村振兴的根本保障。推进乡村组织振兴,要强化农村基层党组织的领导核心作用,进一步加强和改善党对"三农"工作的领导,加快完善乡村治理机制,为乡村振兴提供强大的组织保障。

(一)乡村组织振兴的内涵

基层组织是我国乡村治理的基础单元,是各级政府推动实施乡村振兴战略的根基所在。从内涵及特征看,乡村组织振兴主要体现在以下几个方面:

一是基层党组织建设。党支部是党在社会基层组织中的战斗堡垒。村党支部全面领导隶属本村的各类组织和各项工作,围绕实施乡村振兴战略开展工作,组织带领农民群众发展集体经济。贫困村党支部应当动员和带领群众,全力打赢脱贫攻坚战。

二是村庄治理机制。村民委员会是村民自我管理、自我教育、自我服务的基层群众性自治组织,由主任、副主任和委员三至七人组成,实行民主选举、民主决策、民主管理、民主监督,村民委员会每届任期五年。村民委员会通过组织村民会议、村民代表会议等讨论决定涉及村民利益的诸多事项。村民委员会实行村务公开制度,接受村民的监督。同时,村务监督委员会或者其他形式的村务监督机构负责村务决策和公开、村级财产管理、村工程项目建设、惠农政策措施落实、农村精神文明建设等制度的落实。

三是农村集体经济组织。农村集体经济组织源于农业合作化运动,是指在自然乡村范围内,由农民自愿联合,将其各自所有的生产资料(土地、较大型农具、耕畜)投入集体所有,由集体组织农业生产经营的经济组织。农村集体经济组织既不同于企业法人,又不同于社会团体,也不同于行政机关,有其独特的政治性质和法律性质。农村集体经济组织是除国家以外唯一一个对土地拥有所有权的组织,通过行使经营权,激发其参与村庄治理的主动性、积极性。

(二) 乡村组织振兴的思路

坚持农村基层党组织对乡村振兴的全面领导，以农村基层党组织建设为主线，采取切实有效措施，强化农村基层党组织领导作用，选好农村党组书记，整顿软弱涣散的村党组织，加强村级权力有效监督；坚持以自治为基、法治为本、德治为先，不断深化村民自治实践，着力提升乡村德治水平；科学设置乡镇机构，健全农村基层服务体系，全面夯实乡村治理的根基。

(三) 乡村组织振兴的举措

以固本强基为导向推动乡村组织振兴，建立健全党委领导、政府负责、社会协同、公众参与、法治保障的现代化乡村社会治理体制。

首先，打造坚强的农村基层党组织。培养优秀农村基层党组织书记，向贫困村、村党组织软弱涣散村和村集体经济薄弱村派出第一书记。把党管农村工作的要求落到实处，支持村党支部探索党建+产业、党建+服务等，发挥其对脱贫攻坚和乡村振兴的核心引领作用，引导其落地以人民为中心的为民服务发展理念。

其次，深化村民自治、农村基层法治、乡村德治等实践。规范完善村民委员会、村民会议、村民代表会议、村民议事会、村民理事会等选举办法和民主决策、民主监督程序，形成民事民议、民事民办、民事民管的多层次基层协商格局。开展"法律进乡村"宣传教育活动和民主法治示范村创建活动，建设平安乡村。深入开展扫黑除恶专项斗争，整合执法队伍、下沉执法力量，推动综合行政执法改革向基层延伸。维护村民委员会、村集体经济组织、农村合作经济组织的特别法人地位和权利。以网格化管理为导向，探索基层服务和管理精细化精准化，及时排查化解各类矛盾纠纷。强化道德教化作用，引导农民向上向善、孝老爱亲、重义守信、勤俭持家。

再次，加强基层管理和服务。制定基层政府的村级治理权责清单，推动农村基层服务规范化、标准化。打造"一门式办理"和"一站式服务"综合平台，加快乡村便民服务体系建设。

最后，发展新型农村集体经济。深入推进农村集体产权制度改革，推动资源变资产、资金变股金、农民变股东，通过股份制、合作制、股份合作制、租赁等多种形式，发展村集体经济。

第四节 乡村振兴战略的全面推进

施行乡村振兴战略应注重对我国乡村发展实践经验的总结与继承，在深刻认识新时代中国农村发展规律的基础上，坚持目标导向，聚焦问题，精准发力。本节尝试从以下几方面提出乡村振兴战略的推进路径。

一、始终坚持党对农村工作的领导，筑牢乡村振兴的政治保障

党的领导是中国特色社会主义的本质特征和根本保证。中华人民共和国成立以来乡村经历的深刻变革和长足发展离不开党的领导。实践证明，始终坚持和充分发挥党对农村工作的领导是促进农业农村优先发展、实现乡村振兴的内在规定和重要保障。因此，面对新时代"三农"问题应继续坚持党对农村工作的全面领导。

一是要坚定不移地在乡村振兴进程中贯彻党的领导。各级党组织不断增强政治领导能力，充分发挥政治优势，把党的领导贯彻到乡村振兴政策制定、工作部署、具体落实中，提升对乡村振兴事业的凝聚力、向心力。

二是要继承和创新党管农村的优良传统。应以"四个意识"为指导，深刻认识实施乡村振兴战略的重大意义，将党的乡村振兴主张统一到各级党组织和全体党员的思想意识与工作行动中。在干部配备、要素配置、资金投入、公共服务等方面向农业农村倾斜，为乡村振兴提供物质和制度支撑。

三是要完善党的农村工作领导体制机制。要建立实施乡村振兴战略领导责任制，实行中央统筹、省负总责、市县抓落实的工作机制，确保党政一把手是第一责任人，五级书记抓乡村振兴。各级党委和政府要积极推进工农、城乡全面发展，相关部门要做好协同配合，为乡村振兴提供体制机制保证。

四是要发挥农村基层党组织领导作用。要明确农村基层党组织领导核心地位，充分发挥其在乡村振兴中的带头作用，改进和强化农村基层党组织的工作，提升基层党组织服务农村和治理基层的能力。

二、全面深化农村改革，解决农业农村发展不平衡不充分问题

改革开放以来，我国社会主义市场经济不断完善，工业化、城镇化水

平稳步提升。但与此同时，传统农业效益不高、土地资源利用率低下、征地补偿制度不完善等问题依旧突出，严重制约了我国农业农村的发展和新时代乡村振兴战略的实施。因此，持续推动农业农村经济发展成为我国当前不可回避的重要话题。

突破乡村全面振兴的体制机制障碍，可以采取以下措施：

一是要深入推进农业供给侧结构性改革，提高农业综合效益和竞争力。实现农产品质量化、品牌化的转型发展，不断提升农产品在市场中的竞争力，创造农民新的收入增长点。

二是要深化农村土地制度改革，巩固和完善农村基本经营制度。要在长期坚持土地集体所有制的基础上，稳定农户承包权，放活土地经营权。党的十九大明确指出："深化农村土地制度改革，完善承包地三权分置制度。"通过"三权分置"改革，建立有效的农地流转机制和市场，满足土地有序流转和有效配置需要。鼓励和引导城市资本下乡、返乡农民工创业，盘活广大农村地区的土地资源，有效实现小农户和现代农业发展有机衔接。

三是要大力发展农村集体经济。有效整合农村地区人、财、物资源，根据各地不同资源禀赋、产业优势，积极探索多元集体经济发展模式，多渠道、多途径发展壮大农村集体经济，为推动乡村产业振兴、人才振兴、文化振兴、生态振兴、组织振兴夯实根基。

三、坚持以人民为中心的发展思想，实现城乡融合发展

消解城乡二元结构，走城乡融合发展之路是实现城乡居民共同富裕、确保乡村全面振兴的客观要求。面对我国当前依旧存在的城乡二元经济结构矛盾，破解农业农村发展不平衡不充分问题必须建构新型工农城乡关系，坚持走城乡融合发展之路，最终实现城乡融合发展。

一是要推动新型工业化、信息化、城镇化、农业现代化"四化"同步发展。注重发挥工业化、信息化、城镇化进程对农业生产率、农业产业结构、农业信息化水平、农业资本积累、人力资源水平等方面的积极作用，引导工农之间、城乡之间相互促进、协同发展，打造互补能力更强、发展机制更全、融合程度更高的工农、城乡新格局，实现农业现代化水平的提升、乡村产业链条的延展和农民生活水平的改善。

二是要推动公共服务向农村延伸，提升乡村基本公共服务水平。科学

编制多规合一的村庄规划，以农村居民生产生活所需的交通、饮水、物流、电信、医疗等为重点，鼓励社会各类资本以不同方式大力参与农村基础设施的投资与建设，着力补齐制约农村居民生产生活的"短板"。通过增加乡村教育资源、提升医疗服务水平、改善公共文化现状、健全乡村社会救助体系，让社会改革发展的"红利"惠及千万农民朋友，让广大农村群众对美好幸福生活更有期盼、更有信心。

四、健全乡村治理体系，推动乡村治理体系和治理能力现代化

随着当前我国农村社会结构、城乡利益格局、农民思想观念的深刻变动和调整，乡村社会一方面积聚起了巨大的发展活力，另一方面也浮现出一系列治理障碍。自治、法治、德治相结合的乡村治理体系，这既是实现乡村善治的有效之途，又是保证乡村振兴战略顺利推进的重要依托所在。

建构"三治结合"❶的乡村治理体系，可以从以下方面着手：

一是要深化村民自治实践，充分发挥群众参与治理的主体作用。通过对村民会议、村民代表大会等议事载体的优化整合，打造形成农村场域民事民议、民事民办、民事民管的长效协商议事格局，切实增强村民参与解决村庄公共事务的"主人翁"意识，消解乡村社会转型发展过程中大量治理主体外流带来的自治"撂荒"窘境。

二是要推进乡村法治建设，肃清各类涉农安全隐患。要在提升干部群众法治素养的同时，加快对村民选举、征地补偿、打击农村黑恶势力等重点领域涉农法律法规的修改和完善，强化法律在支持"三农"发展、化解农村社会矛盾等方面的权威地位。

三是要提升乡村德治水平，孕育良好的乡村社会风尚。要以社会主义核心价值观为引领，开展移风易俗行动，统筹使用正向激励与负面惩戒两种手段，在强烈对比中破立并举，实现乡村德治从传统的道德说教向可见可感的道德实践飞跃，促使广大乡村地区焕发出文明新气象。

五、加大农村人力资本投入，加快新型职业农民队伍建设

培育新型职业农民队伍关乎农村土地谁来耕种、农业农村现代化谁来承载的大问题，是推进乡村振兴战略的必然要求与重要抓手。

---

❶自治、法治、德治相结合的乡村治理体系。

加大人力资本投入，加快建设新型职业农民队伍：

一是要提升农民职业素养，培育"爱农业"的新型职业农民队伍。通过持续的思想教育引导，增强农民的农业发展主体观念，实现对农民身份的认同感、农业工作的亲近感和农村环境的归属感。

二是要提高农民职业技能，建设"懂技术"的新型职业农民队伍。农民懂技术不仅是实现农业农村现代化的必然要求，更是推进农民职业化发展的形势所需。要在加大农村教育经费投入力度的基础上，紧密联系农业农村发展实际，建立政府、农业学校、社会培训机构以及农场企业"四位一体"的职业培训体系，打通培育高素质、技能化劳动力的重要通道。

三是要增强农民经营能力，发展"善经营"的新型职业农民队伍。农业规模化生产的大趋势强化了对农民经营能力的诉求。因此，应鼓励广大农业经营主体将其现有的经营管理知识与市场经营理论有机结合，增强其抵御风险、适应竞争、乐于经营的意识和能力。

第四章　中国式现代化视域下乡村振兴战略的理论逻辑

第一节　中国式现代化与乡村振兴战略的联系

中国式现代化与乡村振兴战略是互相促进、相得益彰的关系，两者之间具有内在的逻辑耦合性。一方面，乡村振兴战略的实施有利于解决发展不平衡不充分的矛盾，有利于引领农业现代化发展和社会主义新农村建设，从而走中国式乡村振兴道路，实现中国式乡村现代化。另一方面，中国式现代化为乡村振兴战略提供动能，促进农业转型，全方位助力乡村振兴逐步实现。

一、中国式现代化与乡村振兴内在逻辑的学理基础

现代化的本质是人的现代化，乡村振兴从根本上是人的振兴，二者都继承了马克思主义人学理论。马克思主义人学理论包括人的本质、人的主体性、人的需要、人的价值、民主、平等、人的全面发展等多方面内容，下面从人的本质、人的需要、人的全面发展三个维度展开分析。

（一）人的本质

人的本质包括人的劳动本质和社会本质两大类。关于人的劳动本质，马克思主张，劳动是人的本质，劳动创造了人本身，把人的本质与劳动联系起来；并指出，劳动是人所特有的，是人区别于动物的本质特征。在某种意义上，人的劳动本质就是人的实践本质，这种实践是自由的自觉的活动，是人与自然对立统一的基础，与动物的生命活动有质的不同。乡村振兴战略和中国式现代化都是人的实践活动，既需要人的劳动，也是为了人。人在实施乡村振兴战略和建设社会主义现代化的过程中，不仅认识客观世界，也推动着人和社会的不断发展。离开了劳动，人无以肯定自己的主体地位，也发挥不了乡村振兴战略和中国式现代化的当代价值。因而，要动员全社会成员主动参与到乡村振兴和中国式现代化建设当中，主动承担起

重任，奉献自己的劳动。

关于人的社会本质。马克思认为，孤立的个人在社会之外进行生产，这是罕见的事。由此可见，在社会之外是不存在人的，人始终处于一定的社会关系中，受社会关系制约。社会关系决定人的地位高低，每个人的社会本质是不同的，只有分析社会关系，才能正确认识人的本质。乡村振兴和中国式现代化建设不是靠单个人就可以完成的，而是靠全体共同参与，共同享受劳动成果，需要以社会关系为纽带，充分发挥社会关系的合力作用，为乡村振兴和中国式现代化提供人力支撑。

（二）人的需要

人的需要是人的本性，即天生所固有的特性。需要分为"人的"和"非人的"两种。符合人的本性的需要才是人的真正的需要，这种需要使人成其为人，增强了人在世界中的主体地位。马克思把人的需要划分为人的肉体存在的需要和人的社会存在需要，前者主要是人的生理需要，后者是更为重要的需要，包括物质需要、精神需要、劳动需要和社会关系需要等。这种划分其实就是个人需要和社会需要，二者在根本上是一致的。满足不了个人需要，人类社会就得不到存在和发展；个人生活在社会之中，必须通过交往和合作才能得到需要。

乡村振兴战略和中国式现代化都是从人民群众的根本利益出发，满足人民群众对美好生活的需要，而且解决了为了谁、依靠谁的问题，蕴含着丰富的马克思主义人的需要思想。人民群众对美好生活的需要，既包括基础层次的需要，比如养、育、医、住等，又包括更高层次的需要，比如优美的环境、丰富的文化生活、健全的社会保障体系等。因此，有必要执行一些措施，带动乡村全面进步，使乡村人民个体的需要在乡村社会中得以实现。

（三）人的全面发展

人的全面发展表现为人的劳动及其能力的全面发展、人的社会关系的全面丰富和人的个性的自由发展。马克思看到在资本主义社会内部，资本家把工人局限在狭小的活动范围内，没有自由、独立和个性，使工人充当机器的附件，造成工人身体畸形，产生职业的痴呆，究其原因就是私有制分工具有自身不可消除的片面性和强迫性。到了共产主义社会，人的全面发展是一切活动的目的和尺度，人们不再为谋生四处奔波，而是为了满足自我发展、自我实现的需要。人的全面发展的条件是以生产力的充分发展为前提的，只有生产力创造出日益丰富的生活资料，个人对生活资料没有任何忧虑，才可以追求享受和发展。人的全面发展是乡村振兴战略和中国式现代化的最终价值目标和根本出发点。二者在伟大实践中，都坚持以人为本，遵循人的全面发展思想，站在人民群众的立场制定政策和解决问题。此外，乡村振兴和中国式现代化把人的全面发展当作实现路径，二者着眼于人民群众的实际需要，在发展乡村经济的基础上关注人民群众的精神生活，缩小城乡差距，给人民群众提供自由可选择的机会，使人民群众享受到中国式现代化发展带来的成果。

二、中国式现代化与乡村振兴内在逻辑的现实基础

中国式现代化的内涵和本质要求与我国实施的乡村振兴战略中的"产业、人才、文化、生态、组织"五大振兴具有逻辑相关性。以中国式现代化为引领，乡村振兴战略开启了建设中国式乡村现代化的新征程。

（一）中国式现代化为乡村振兴战略提供了价值导向

中国式现代化是人口规模巨大的现代化，意味着不仅发展任务艰巨，而且发展不平衡不充分的挑战更大，这就要求把人"多"转化为人"才"，吸引本土人才、外部能人以及支农下乡的科技人才为乡村现代化发展出谋划策。中国式现代化是全体人民共同富裕的现代化，重点是提高乡村的整体经济水平，让人民群众"口袋"富，不愁吃，不愁住。实现全体人民共同富裕，需要产业振兴，除了发展田地以外多种类型的产业，应把乡村资源变成乡村资产。中国式现代化是物质文明和精神文明相协调的现代化，那么，乡村振兴战略在大力发展农村现代生产力的同时，也要让人民群众"脑袋"富，传承好乡村农耕文化、乡村历史文化和乡村文化遗产等优秀文化，丰富人民群众的精神生活。中国式现代化是人与自然和谐共生的现代化，促使乡村振兴战略贯彻"两山理论"，注重生态环境，给人民群众提供一个适宜居住的场所。

（二）乡村振兴战略是发展中国式现代化的鲜明底色

经济基础决定上层建筑。中国式现代化发展离不开基层建设，而基层建设的中心环节又在于乡村。新民主主义时期，乡村的政治、经济建设主要依托于土地革命展开，提出要彻底消除贫困，必须推翻旧制度、建立新制度，关键是解决农民的土地问题。因此，在第三次国内革命战争时期，

中国共产党制定了《中国土地法大纲》，规定废除封建剥削的土地制度，实行耕者有其田，按农村人口平均分配土地，为乡村建设的现代化迈进带来了第一股热流。社会主义革命和建设时期，国内乡村环境受到生产资料不足、基础设施不完善以及传统小农思想的影响，乡村建设仍处于底层基础之中。为实现社会主义发展，改善乡村的落后面貌，共产党提出"一化三改造"，比较系统地提出了对个体农业实行社会主义改造的方针政策。改革开放和社会主义现代化建设新时期，在乡村的中心任务是解决"三农"问题，缩小城乡发展之间的差距。实行以"先富带动后富"，推动"工业反哺农业、城市支持农村"的各项举措，使乡村建设进入一个全新阶段。党的十八大以来，中国特色社会主义进入新时代。

在新时代进程中，我国乡村工作也取得了重要进展，在乡村的制度框架和政策体系已基本形成。从表面上看，中国式现代化发展与全面推进乡村振兴建设具有各自的发展逻辑，但从历史维度出发，不难看出，乡村建设与现代化发展之间具有高度的互补性。"乡村兴则国家兴，乡村衰则国家衰"，只有实现乡村的全面振兴，才能在新时代、新征程上为国家的现代化发展注入强大动力。

（三）中国式现代化是乡村振兴战略发展的远大前景

实现农业农村现代化，是我国发展乡村振兴的最终目标。乡村振兴是现代化征程上的一小步，但也是中国式现代化全面推进的一大步。一方面，进入新时代，社会主要矛盾发生了新的变化，在推进社会主义现代化国家建设的新征程中，实施乡村振兴战略，是新时代"三农"工作的总抓手。实施乡村振兴战略，是解决人民日益增长的美好生活需要和不平衡不充分的发展之间矛盾的必然要求，是实现"两个一百年"奋斗目标的必然要求，是实现全体人民共同富裕的必然要求。另一方面，推进中国式现代化的全面发展，必须避免在发展中国家及地区容易出现的"中等收入陷阱"，要始终坚持以人民为中心的社会主义价值取向，以实现共同富裕、高质量发展为实践方向。因此，中华民族伟大复兴必须走中国式现代化道路，全面完善农业农村现代化建设，将乡村底色铺满复兴画卷。

第二节　中国式现代化进程中乡村振兴的动力机制

推进乡村振兴战略，体现的是党和国家对"三农"工作在新的历史条件下的准确定位，是中国式现代化在当前农村地区的伟大实践。中国式现代化进程中的乡村振兴实践，主要源于四种动力的强力推动。

一、中国共产党对工作的全面领导

作为中国特色社会主义事业的领导核心，中国共产党致力于为中国人民谋幸福、为中华民族谋复兴，这是中国式现代化不断推进的根本保证。中国共产党发挥总揽全局、协调各方的作用，为有效推进乡村振兴提供了强大动力。

中国共产党将乡村振兴置于国家改革和发展大局中统筹谋划，科学制定并贯彻落实乡村振兴的路线、方针、政策。在党中央的坚强领导下，各级党委政府将乡村振兴作为"一把手工程""第一民生工程"，为推进乡村振兴提供了可靠的政治保障。省、市、县、乡、村五级书记抓乡村振兴的责任得以明确，通过行政指令、项目引导、资源调控等多种方式，在实践中形成推进乡村振兴的有效合力。

为进一步确保乡村振兴的实施效果，党中央启动省级党政领导班子和领导干部推进乡村振兴战略的实绩考核，省、市、县开展针对下一级党政领导班子和领导干部推进乡村振兴战略的实绩考核。考核结果作为干部晋升、奖励评优、问责追责的重要依据，形成乡村振兴坚强有力的组织保障。

作为实施乡村振兴的关键力量，农村基层党组织的意图和能力直接影响乡村振兴的实施成效。中国共产党将农村基层党建引领提到战略高度，通过以党建引领促乡村振兴、以乡村振兴抓基层党建，打通乡村振兴的"最后一公里"。对于普通村庄，整合吸纳政治能力强且作风正派的致富带头人、在外乡贤、退役军人进入"村两委"，选优配强党支部书记，加强农村党组织对村庄各项工作的全面领导。对于脱贫村、软弱涣散村、集体经济薄弱村等特殊类型村庄，在充分挖掘村庄内部已有力量的基础上，持续选派第一书记开展驻村帮扶，帮助培育后备力量，重塑农村党组织的权威和公信力。

通过党建引领乡村振兴，蕴含的是农村党组织的思想教育能力、村庄治理能力的提升，为发展集体经济、化解村庄矛盾、吸引人才回流、提升农民素养、保护生态环境提供了可靠保障。中国共产党为乡村振兴提供的强大动力，还体现为其能够广泛动员社会力量投身乡村振兴。无论是东西部协作、定点帮扶，还是万企兴万村行动，都在党的集中统一领导下稳步推进，在全社会逐渐汇聚起助农兴农的磅礴力量。

二、人民群众主体作用的有效发挥

人民群众是历史的创造者，是推动社会持续进步的主体力量。中国式现代化始终坚持人民立场，不断激发人民群众的积极性、能动性和创造力，在人民群众全过程参与中不断取得进步。循着中国式现代化的推进逻辑，乡村振兴既是国家建构与发展干预的过程，更是人民群众参与和发挥主体作用的过程。

乡村振兴中人民群众主体作用的有效发挥，主要体现在个体主体性和组织主体性两个层面。前者指的是农户基于个体差异化的发展需求（如非农就业选择、劳动技能提升等），积极对接乡村振兴相关政策和资源，建构自身可持续发展的生计模式。后者体现为农户之间通过自下而上的自组织方式（如成立农业合作社、乡贤理事会、孝心基金会等），主动参与乡村振兴各项事务的决策和管理过程，以实现共同的发展目标。这种在个体和组织层面形成的动力机制，由于农户的自发建构而具有时效性和主动性，在实践中大大提升了乡村振兴战略的实施效果。

人民群众为乡村振兴提供主体性动力，并不排斥政府、企业、社区等外部力量对乡村振兴的推动作用。外部力量所提供的发展资源，只有转化为农户的内生发展动力，才能体现出其对于乡村振兴的真正价值。在乡村振兴实践中，外部力量主要向农户进行赋权和赋能，将农户的发展愿望嵌入资源供给体系，促进两者之间的相互转化与整合，进而实现农户主体作用的有效发挥。具体来说，一是通过赋权，为农户提供更加公平和均等化的发展机会。农户在享受公共服务、参与公共事务、发展产业项目的过程中，看到改善自身生产生活处境的可能性、自身与公共利益的一致性，进一步唤起他们主动发展的意识。二是通过赋能，增强农户对发展机会的把握和主动发展的能力。农户除了具备主动发展的意识外，还要拥有与之匹配的发展能力，才能真正承担推进乡村振兴的主体责任。为此，要立足村庄的特色优势与农户的发展需求，通过教育培训、利益联结、示范带动等方式，不断提升农户的人力资本水平。农户逐步获得对自身发展需求和公共利益实现的主宰能力，将为持续推进中国特色乡村振兴提供内生动力。

三、通过改革创新破解发展障碍

改革是促进国家发展的制胜法宝，创新是引领社会进步的重要力量。

中国式现代化的成功实践，正是将马克思主义基本原理同中国的具体实际相结合，在改革创新中不断破解发展障碍，从而开辟出一条不同于西方社会的人类现代化发展之路。在开启第二个百年奋斗目标新征程的关键节点，党的十九届五中全会强调，要继续以改革创新为根本动力，为全面建设社会主义现代化国家开好局、起好步。

坚持改革创新，破除体制机制弊端，突破利益固化藩篱，是有效推进中国式现代化进程中乡村振兴的强大动力。一方面，这种改革创新往往深入"三农"内部，如调整农业生产经营方式、深化农村土地制度变革、健全农村产权流转交易等，为乡村振兴提供了全方位的要素供给。另一方面，乡村振兴并非单纯就乡村论乡村，也会跳出传统的"三农"场域，重塑城乡关系，通过构建新型工农城乡关系、推行以县城为载体的城镇化等新的战略举措，加快形成城乡融合发展的体制机制。城市和乡村在功能上的衔接互补、在发展上的相互支撑，有助于进一步提升乡村振兴的辐射带动能力。

改革创新为乡村振兴提供根本性动力，体现了顶层设计与地方创造的有机结合。乡村振兴作为一项系统性工程，牵涉产业、组织、人才、文化、生态等多个领域。这些领域具有不同的实践特征，要确保改革创新取得实际效果，就要根据具体实际、因地制宜。无论全面建成小康社会决胜阶段，还是进入新发展阶段，中央始终围绕"三农"领域的优先任务与发展目标进行顶层设计，为推动乡村振兴的改革创新提供方向指导。在基层实践中，各地结合自身实际情况落实中央政策，形成了"枫桥综治模式""菏泽扶贫车间""兰考发展样板"等一系列地方经验创造。地方创造的经验反过来又被纳入高层级的决策之中，在全国范围内进行宣传推广，充分发挥其对乡村振兴改革创新的引领示范作用。这种顶层设计与地方创造的有机结合，既能够确保已经部署的农村改革自上而下全面发力，又展现出地方政府和群众自下而上的首创精神。两者相得益彰、相互促进，使各项改革创新在实践中形成整体性的"打法套路"，进一步推动中国式现代化进程中乡村振兴的加快实施。

四、重视制度化体系的建构与完善

作为一种刚性约束和不可触碰的高压线，制度关系党和国家事业发展的全局性和稳定性。从某种意义上讲，制度建设的成效，直接决定着中国式现代化实践的成败。中国式现代化以中国特色社会主义制度为"底层架构"，不断完善并强化制度供给和制度保障，为实现发展目标奠定坚实基础。具体到中国式现代化进程中的乡村振兴，正是通过建构与完善制度化体系，为其有效推进提供制度保障。

党的十九大以来，党中央、国务院先后出台《关于实施乡村振兴战略的意见》《乡村振兴战略规划（2018—2022年）》《关于实现巩固拓展脱贫攻坚成果同乡村振兴有效衔接的意见》等纲领性文件，对推进乡村振兴的总体思路、任务要求、发展方向作出决策部署。中央相关部门结合自身工作实际，制定出台一系列配套文件，从政策、投入、责任、考核、监督、动员等方面，搭建起乡村振兴制度化体系的"四梁八柱"。这种系统完备、科学规范的制度化体系，使乡村振兴在推进中有章可循、有据可依。

制度优势是一个国家的最大优势，制度竞争是国家间最根本的竞争。中国式现代化进程中的乡村振兴，成功走出了一条与西方国家不同的农业农村现代化新道路，并且在竞争中展示出显著的比较优势。这里，除了制度化体系本身具有的系统性、科学性特征之外，更为重要的是制度化所彰显的独具中国特色的执行力。这种强有力的执行力，根源于社会主义"集中力量办大事"的制度优势。

按照"中央统筹、省负总责、市县抓落实"的工作要求，建立健全乡村振兴的责任要求和工作机制，进一步明确中央和地方在乡村振兴实践中的任务目标。各级党委农村工作领导小组发挥牵头抓总作用，构建形成上下贯通、靶向施策、一抓到底的乡村振兴推进体制。乡村振兴推进体制的建构过程，本质上是将中国特色社会主义的制度优势转化为乡村振兴治理效能的过程。国家通过加强对乡村经济社会发展的引导和控制，进一步提高乡村振兴制度化体系的运作效率，为推动乡村振兴如期实现既定目标提供强大动力。

第三节　中国式现代化视域下推进乡村振兴的时代价值

立足新发展阶段，在全面建设社会主义现代化国家进程中，"三农"工作仍然是全党工作的重中之重，要进一步全面推进乡村振兴，从而实现农业农村现代化。全面推进乡村振兴不仅有利于加快补齐"三农""短板",而且也有利于解决中国式现代化进程中的关键议题,具有重要时代价值。

一、有利于巩固党的执政基础

加强农村基层党的建设,进一步巩固党的执政基础。在全面推进乡村振兴进程中,坚持和加强党的全面领导贯穿"三农"工作始终。只有始终加强农村基层党的建设,构建乡村治理新体系,才能实现基层治理体系和治理能力现代化,进而不断巩固党的执政基础。在基层党组织建立的基础上,如何始终加强党在乡村治理改革中的领导,加强农村基层党的建设,从而有效巩固党的执政基础,成为乡村治理现代化进程中的核心问题。

党的基层组织是确保党的路线方针政策和决策部署贯彻落实的基础。只有充分发挥党的基层组织的战斗堡垒作用,才能促进基层治理体系和治理能力现代化。为此,加强农村基层党的建设以不断巩固党的执政基础,主要体现在深化乡村治理体制机制改革等方面:

第一,在乡村基层治理体制改革中,要进一步制定出乡村振兴责任制实施办法,强化五级书记对乡村振兴的责任;充分发挥第一书记和工作队在抓好党的建设、促进乡村振兴中的作用;加强农村基层党组织建设,突出政治职能建设。

第二,加强基层党的建设,深化农村治理改革,要建立健全体制机制。在农村基层治理机制改革中,要进一步完善村级党组织研究讨论重大问题和重大问题机制,全面落实"四议两公开"制度;逐步建立健全市县党政领导干部绩效考核制度,推进乡村振兴战略。

另外,还要不断健全党组织领导的自治、法治、德治相结合的乡村治理体系,推行网格化管理、数字化赋能、精细化服务。可以说,通过加强农村基层党的建设,有利于充分发挥基层党组织的战斗堡垒作用,促进基层治理体系和治理能力的现代化,为进一步巩固党的执政基础提供宝贵的经验。

二、有利于坚持以人民为中心的发展思想

治国有常,而利民为本。坚持以人民为中心的发展思想,以保障和改善民生为重点。在"两个一百年"历史交汇关键点,中国共产党带领广大

人民群众如期夺取了新时代脱贫攻坚伟大胜利。

在中国式现代化发展进程中，党始终将解决人民群众的"急难愁盼"等民生问题作为一切工作的重点，始终坚持以人民为中心的发展思想。然而，在脱贫攻坚完成以后，"三农"工作依然是现代化进程中的重中之重，要着力巩固脱贫攻坚成果，全面推进乡村振兴，实现从胜利走向新的胜利。可以说，在我国全面推进乡村振兴重点工作中，都是在紧紧围绕以人民为中心的发展思想指导下保障和改善民生，切实保障农民的根本利益。

坚持农民主体地位，是以人民为中心发展思想在乡村振兴中的具体实践。维护人民群众的根本利益是乡村振兴的根本出发点和落脚点。坚持以人民为中心的发展思想重点表现在基本公共服务和乡村建设等方面，也因此在实践中得以强化。

第一，在基本公共服务方面，通过总体规划县级的基本公共服务，促进基本公共服务供给由以机构行政区域覆盖为主向以常住居民服务覆盖为主转变。具体表现在以下几个方面：

一是在教育方面。要扎实推进城乡学校共同体建设，通过开展农村新一轮学前教育行动计划，首先确保农村学前儿童受教育的权利。

二是在医疗保障方面。通过广泛推动紧密型县域医疗卫生共同体建构，持续推进农村医保信息化建设，落实对特殊困难群体参加城乡居民基本医保的分类资助政策，解决农民看病难、因病致贫等问题，从而确保农民生命安全和身体健康。

三是在养老和社会工作服务方面。通过分类实施村医养老保障，有效地提高养老院集中供养和失能照护水平。通过开展村级综合服务设施提升工程，从而提高便民服务和社会工作服务水平。

第二，在乡村建设方面，完善乡村建设实施机制，持续推进乡村建设行动，因地制宜、有力有序推进。其中具体包括：

一是要统筹城镇和村庄布局，科学制定村庄分类方案，积极开展"拯救老屋行动"，更好地制定村庄规划，合理规范村庄撤并。同时需不断巩固"厕所革命"成果，农村人居环境水平得到显著提高，高质量建成美丽乡村目标。

二是要总结推广村民自治组织等有效做法，保障农民依法有序参与民主环节，实现乡村建设全过程人民民主。可以说，通过不断完善和发展乡村基本公共服务，高质量推进乡村建设行动，促使农民的获得感、幸福感、安全感不断提升，是有效保障和改善民生进程中破解农民"急难愁盼"民生问题的重要举措。

因此，全面推进乡村振兴有利于加快补齐农村的民生短板，确保农民主体地位，让以人民为中心的发展思想在全面推进乡村振兴进程中绽放绚丽之花。

三、传承中华优秀传统文化的有效途径

全面推进乡村文化振兴，有利于中华优秀传统文化的创造性转化和创新性发展。中华优秀传统文化是乡村文化振兴的"根"和"魂"。中华优秀传统文化蕴含着丰富的智慧和力量，我们要善于从中华优秀传统文化中汲取智慧和力量，为实现乡村文化振兴"扎根""铸魂"。中国文化的精髓是乡土文化，中国文化的根脉在农村。归根结底，乡土文化的繁荣是乡村文化振兴的关键。

中华文明植根于农耕文化，农村是中华文明的基本载体。其中，农耕文化是乡土文化的重要组成部分。可以说，继承并弘扬农耕文明，有利于深入挖掘乡土文化的价值，促进中华优秀传统文化的创造性转化和创新性发展。在乡村文化振兴的进程中，继承和发展中华优秀传统文化主要体现在继承和弘扬农耕文明、培养地方文化人才和留住乡愁等方面，并为此提供了有效途径。

一是要客观理性地看待农耕文明，进一步挖掘农耕文化蕴含的优秀思想观念。要依据农村自身特点，将乡土文化与现代文化的有机结合和乡村文化振兴大局相统一。

二是要培养乡土文化人才。发挥农村自媒体草根明星、工匠艺人等群体的示范引领作用，对本地农民进行相关领域培训，在丰富精神生活的同时也拓宽了农民的收入渠道，丰富农民的物质生活。

三是要建设乡愁情结下的精神家园。土地是记住乡愁的根本。在确保土地承包权的前提下，以乡愁为情感纽带引领乡贤共同勾画乡村振兴最大"同心圆"，推进新时代乡贤文化建设，为退休返乡成功人士、第一书记、大学生村官等群体提供返乡服务平台，充分发挥他们的聪明才智，营造良好的乡风。

因此，全面推进乡村振兴是传承中华优秀传统文化的有效途径，将乡风文明推向一个新的高度，最终增强全体人民的文化自信。

四、实现共同富裕的必经之路

着力破解"三农"问题为实现共同富裕提供发展潜力。共同富裕是中国式现代化的重要特点，中国式现代化的实现必须走共同富裕道路。共同富裕，"三农"当先。"三农"工作虽然取得了显著成效，但农业基础还不稳固，城乡区域发展差距和居民收入差距依然很大。在中国式现代化进程中，"三农"工作仍然极端重要。在面对世界百年未有之大变局，既应该在"三农"工作中通过打牢农业基础，统筹城乡区域发展，缩小居民收入差距，又应该跳出"三农"去谈"三农"，充分利用"两个市场"破解"三农"问题。说到底，增加农民收入是检验乡村振兴进程中一切工作的标准。可以说，在我国全面推进乡村振兴重点工作中，都是在为实现共同富裕的目标下着力破解"三农"问题，助推全面农业农村现代化，确保高质量实现乡村产业兴旺、农民生活富裕，才能够真正激发出实现共同富裕的内生潜力，在共同富裕上取得实质性进展，最终实现共同富裕。

乡村振兴战略是解决"三农"问题的政策延续，为最终实现共同富裕激发出巨大的内发潜力。只有全面实现乡村振兴，才能实现全民族的共同富裕。在乡村振兴进程中，共同富裕主要表现在产业兴旺和生活富裕两个方面。

其一，在产业兴旺上，"务农重本，国之大纲"。一个国家要办好自己的事，最根本的是要立足自身始终抓好农业生产，以国内稳产保供的确定性来应对外部环境的不确定性。农业现代化，种子是基础。要坚持新发展理念，以创新理念引领农业科技自立自强，加快实施农业生物育种重大科技项目，确保农业产量和质量的大幅提高，确保国家粮食安全。乡村振兴进程中还要持续推进农业供给侧结构性改革，着力构建新型农业经营体系，从而稳固农业基础，确保农业结构得到根本性改善；以协调理念为指导，积极发展农产品加工业，进一步优化产业布局，加强第一、第二、第三产业融合发展，延长农业生产的产业链和生产链，增加农业生产附加值，从而拓宽农民就业渠道，切实增加农民收入，扩大中等收入群体，缩小居民收入差距，从而确保相对贫困进一步缓解；发展壮大新产业新业态农业，着重围绕乡村旅游、健康养老、电子商务等新兴产业，激发农业发展新动能。

其二，在生活富裕上，导致城乡发展不平衡，农村发展不充分的根源在于资源的单向流动，从而导致单向城镇化趋势明显、"空心村"等问题严重。这些问题在一定程度上影响和制约了"三农"工作的向好发展。新时代"三农"问题的解决，需要在新型城乡关系框架下进行，城乡统筹发展已经成为乡村振兴战略的核心理念。

实现高质量推进城乡统筹发展，有效破解城乡二元对立结构，就必然要结合世情国情乡情，坚持新发展格局，把战略基点放在扩大内需上，立足做稳做大国内市场，发挥好"两个市场"优势。以不变的国内市场优势应对万变的国际环境，不断健全城乡融合发展机制，推动城乡要素平等交换、双向流动，从而充分利用农村市场，激发农民巨大的消费和投资需求，确保城乡经济实现良性循环，城乡基本公共服务均等化基本实现，城乡融合发展体制机制更加完善，着力破解"三农"问题。

可以说，在产业兴旺和生活富裕的总要求下，在破解"三农"问题中，全面推进乡村振兴战略要坚持新发展理念，立足新发展格局，着力破解了"三农"工作中农业基础还不稳固，城乡区域发展和居民收入差距仍然较大等问题，确保国家粮食安全和城乡经济良性循环，切实增加农民收入，成为有效破解"三农"问题的"先手棋"。

因此，着力破解"三农"问题为实现共同富裕提供了发展潜力，激发出广大农民群众巨大的积极性、主动性、创造性，使其积极主动投身于乡村振兴，建设美好家园，在实现共同富裕的进程中迈出坚实步伐。

第五章 中国式现代化视域下乡村振兴战略的实践路径

第一节 中国式现代化视域下的乡村文化振兴

近代以后,实现中华民族伟大复兴和中国的现代化始终就是中国的仁人志士和全体中国人民的梦想和追求。中国共产党的成立,解决了中国现代化事业的领导力量问题,为中国现代化指明了正确方向、制定了不同阶段的奋斗目标、开辟了符合中国实际的发展道路。

在革命斗争中,中国共产党人根据中国的革命实际,走上井冈山,创立农村革命根据地,提出"工农武装割据"思想,解决了中国式的革命道路问题。从那时起,中国农村的精神面貌就摆脱了千百年来死气沉沉的局面,为之一新。当前,在全面建设社会主义现代化国家的新征程上,最艰巨最繁重的任务仍然在农村。党的十八大以来,中国共产党成功推进和拓展了中国式现代化,新时代的中国农村更是日新月异,乡村文化振兴也是一派欣欣向荣。

一、乡村文化振兴的理论意蕴

乡村文化振兴是农业、农村、农民的综合振兴,是以人民为中心价值导向下的农民自由全面的发展,是乡村经济发展、政治民主、文化繁荣、社会和谐、生态宜居的具体体现。

(一)乡村文化振兴的内涵理解

1. 价值导向:以人民为中心

乡村文化振兴必须坚持以人民为中心的发展思想,这为乡村文化振兴提供了根本遵循和建设指南。以人民为中心的价值导向意味着要有服务意识,新时代乡村文化振兴是为了更好造福国家和人民,为人民群众创造充满活力和正能量的精神家园,与人民的利益同向而行,是为了满足人民群众的期待和需求，为老百姓提供公共文化服务，使亿万农民在共享乡村振兴成果上有更多获得感、满足感和幸福感。以人民为中心的价值导向意味着要有包容精神，具体来说就是要充分尊重民意、重视民情，在乡村文化振兴中对农民的意见要吸纳、困难要帮助、怨气怨言要化解。以人民为中心的价值导向意味着要立场坚定，乡村文化振兴要牢牢坚持以人民为中心的根本立场和工作导向，要站在人民立场，尊重人民主体地位，聚焦人民实践创造。以人民为中心的价值导向意味着要知行合一，在实践中把人民群众的美好生活需要追求作为乡村文化振兴的立足点与出发点，从本质上把增进人民福祉、促进人的全面发展作为乡村文化振兴的实践遵循。乡村文化振兴反映和体现着对其乡村文化自身的发展要求，有着清晰明确的指向性，存在于我们身边和每个人的行动中，彰显着广大农民群众的创造力和想象力以及对自身生活方式的选择。

2. 基础支撑：以经济为依托

乡村文化振兴，经济发展是基础，产业兴旺是重点。乡村文化振兴以经济为依托意味着要立足于农、服务于农，农业是国民经济的基础，农业稳则天下稳，而乡村产业振兴与农业发展，与农村进步息息相关，如果没有乡村产业振兴，乡村全面振兴就无从谈起，乡村文化发展也就失去了有力的物质支撑。要立足于乡村经济社会发展的需要和农村居民生产生活的需要，不断提高农业生产科技创新实力和农产品国际竞争力，从而实现农业稳增提质、农产品绿色健康，立足乡村文化资源优势，打造全产业链，推动第一、第二、第三产业融合发展。发展富民乡村产业帮助农民增收，扶持返乡留乡农民工创业，坚持以质量兴农、绿色兴农、科技兴农为核心发掘和创新农业多功能和乡村多重价值创新业态。以经济为依托意味着乡村文化振兴要发展壮大新型农村集体经济，让新型农村集体经济成为乡村文化振兴的"活力源"，开拓创新农村集体经济新型发展模式，打造"农村集体经济组织+"模式探索农村现代化建设，实现集体经济与农民致富双赢。大力发展集体资源性经济、经营性经济、服务性经济，乡村经济发展了，才会使得更多的资金服务于乡村文化建设，农民才会有足够的热情投身到乡村文化建设中，才能更好推动乡村全面振兴。

3. 外在形式：以物相为彰显

中国社会自古以来就以乡村为本，决定中国社会形貌的重要因素是农村、农民和乡土文化，乡村文化表现为民俗民风、物质生活等，其中历史文物、服装建筑是乡村文化振兴看得见、摸得着的外在彰显形式，这些物相是一种显性的文化样式和文化形态，是精神文化赖以存在的空间基础与基本载体，主要包括服饰、建筑、工具、广场、戏台、祠堂等。也是彰显和传承农耕文化、乡土文化的重要载体，更是留得住乡愁的文化凭证。如一些牌坊、神殿、古堰等传统文化场所，都能够较强集聚起乡村民众，精神教化功能也十分强大。从整体上来看，如一些承载历史文化的传统村落、民族特色村寨、旅游名村等自然资源、历史文化资源丰富的村庄，当下有承载着不同乡村文化内涵的现代化乡村图书馆、文化大院、乡村舞台、展览室、农家书屋等，汇集共同爱好的技艺村民的书法工作室、剪纸工作室等。

4. 内在动力：以营造氛围为内容

新时代乡村文化振兴要具有强大的思想引领、正确的政治导向、与时俱进的时代精神、科学合理的文化传承、完善的组织机制和基本设施等，还要营造尊重乡村生活方式与乡土文化价值的氛围。当下具有乡土文化气息的传统生产生活、休闲宜居的自然环境与现代化完美结合的生活方式越来越成为现代人追求的生活目标，"乡愁""乡恋"等乡土情结也不断唤醒人们心灵深处的记忆。乡村文化振兴需要农民积极作为，要发挥好老年人群体传承乡村文化的功能，要以农民为主力军、发展以农民为目的、成果以农民为对象、特征以农民为依据、建设措施以农民为依托、评价以农民为主体、最终目标是以乡村社会作为"美好家园"进行构建。通过充分调动广大农民参与乡村文化振兴的积极性、创新性，借助中国传统节日和乡村地方节日开展形式多样的民俗活动、主题活动，让广大民众在参与中形成乡村文化振兴的良好氛围。

在乡村社会生活中，道德作为一种无形的力量维系着乡村社会成员的人际关系，塑造着人们的行为选择，没有道德文化振兴的乡村，即使经济再发达、物质再丰富，不过是一具没有灵魂的躯壳。新时代乡村文化振兴需要构建适应乡村发展需要的道德体系，全面落实社会公德、职业道德、家庭美德、个人品德构建乡村公民道德体系，引导农民树立责任意识、规则意识、集体意识、主人翁意识，继承中华民族几千年传统美德，弘扬当代中国精神，为乡村文化振兴提供道德之力。

（二）乡村文化振兴的基本特征

乡村文化振兴是对农耕文化、乡土文化的生动见证和创新展示，准确把握乡村文化振兴基本特征是科学认识乡村文化振兴规律的客观需要，也是全面推进乡村振兴的基本要求，更是推动乡村文化历久弥新的"一把钥匙"。

1. 稳定性

乡村文化是在几千年的发展中与农耕经济、血缘家族管理、乡绅政治等相互适应、相互吻合、相互协调的结果，因此具有较强的文化凝聚力。精耕细作的传统农业、自给自足的小农经济孕育了农耕文化、乡土文化中浓厚的乡土情结，使得农民对家园、村落强烈依恋，乡村社会成员长期生活在静态的、伦理至上的熟人社会里，大多数乡村社会成员不愿迁出自己所在村庄，更倾向于求和、求稳，安分守己，克勤克俭，对新鲜事物接受较慢，形成了安土重迁的稳定感、背井离乡的依恋感、落叶归根的归属感等的文化心理与情感情绪，这些使得乡村社会具有稳定的价值取向、文化模式、文化元素，并会渗透和显现到乡村社会生产生活的各个方面，依附于乡村社会成员的言谈举止中，从而使其心理和行为文化表现出稳定性、保守性、传统性，随着乡村社会不断发展，一些乡村文化、风俗习惯会随着时代发展不断被赋予新的内涵，但也绝不会与原有文化实现彻底的决裂，其根源仍在乡村，如当前广大乡村仍保留和滋生着许多自己原生态的文化样式，而稳定性也往往完整保存了乡村文化的本真。

乡村中农耕经济的生产方式不变，以血缘为纽带的家族聚居、注重熟人社会的生活方式不变是乡村文化稳定性的基础。除了外部因素助力乡村文化的稳定性，乡村文化自身也具有自我保护、自我完善、自我更新功能，乡村文化的稳定性会在一定程度上会对新时代乡村文化振兴产生推动作用。

2. 惠民性

新时代乡村文化振兴要体现乡村文化惠民性，惠民性体现在以人民实际需求为基础，只有以群众的需求为基础，以群众的评价为标准，才能真正地做好"为民"的文化服务工作。随着我国经济的迅猛发展，物质水平的持续提升，老百姓更呼唤更加公平、普惠、易于接受的乡村文化，更加注重细节感和仪式感的精神享受。惠民性需要以完善公共文化服务为保障，文化惠民工程的大力推进，民俗节日节庆、皮影戏传承、暑期文化纳凉等群众性文化活动的组织和开展，切实将文化活动送进了群众家门口。公共文化服务设施网络和文化旅游综合服务站的构建与完善，高质量文化的"精准供给"等，书法培训室、非遗陈列室等部室的配设，花鼓子、皮影戏等民俗民间文艺团队、村级服务点、村史馆、乡村文化理事会示范点的成立等，让群众文化获得感明显提升。泥塑、剪纸等特色手工艺的文化培训，一批业务好、素质高的基层文艺骨干的培养，在乡村文化的创作元素上，更是结合当下群众关心、关注的难点热点问题，注重融入乡村振兴政策宣传、新民风建设、社会主义核心价值观、非遗文化等内容，使群众更深刻、全面地了解党的工作重点、惠民政策，鼓舞群众创造美好生活的信心。

3. 融合性

中国传统文化具有巨大的融合力和包容性，中华文明绵延传承至今从未中断，从不具有排他性，而是在包容并蓄中不断衍生发展，如华夏文化就是由春秋战国时的齐鲁文化、中原文化等文化精华相互融合最终形成的。近代以来中国文化对外来文化采取"和而不同"的态度，求同存异，融合了中西方各民族的文化元素。乡村文化植根中国传统文化的土壤，使其必然与中国传统文化一脉相承，在中国广阔土地上各自创造出了独特的乡村文化，多种乡村文化长期并存，呈现出开放性、多样性的特点，而乡村文化的融合性又使其在遵循自身规律情况下与其他优秀文化相互借鉴、取长补短，而这个过程正是融汇多种文化特质不断实现创新的过程，乡村文化既传承了中国传统文化，例如把儒家强调实践的一些道德原则和修养方法践行于乡村社会生活中，倡导忠、孝、仁、爱、信、义、和，崇尚礼义廉耻，又期望和接受更多优秀的外来文化，不断丰富其自身的文化内涵，因为具有融合性，才能够相互对话、交流、借鉴和学习，才能实现乡村文化的经久不衰，乡村文化是农耕文化、传统文化、伦理文化、乡土文化等不同文化的融合体，是集中国文化于一体同时又极具鲜明特色的一种"根"文化、"源"文化。

4. 创新性

乡村文化振兴是在继承农耕文化、乡土文化和中国传统文化基础上实现创新，创新是乡村全面振兴的重要支撑，一方面，它既需要继承马克思主义和其他民族的优秀成果，另一方面它也需要实现自身的创新性、创造性转变。就乡村文化振兴本身来看，创新性主要是指其按照时代要求，对乡村文化振兴的内容、形式、载体、方法等加以更新、丰富和完善，激活乡村文化发展的活力和生命力。任何文化都是特定时间和空间的产物，赋予了乡村文化必须创新的属性，在其原有价值基础上结合时代诉求，将科技乡村、法治乡村、美丽乡村融入其中，赋予其新的时代内涵和新颖的表现形式，形成富有时代气息的乡村现代文化。乡村文化虽受经济发展水平、地理环境、生产生活方式、风俗习惯等因素影响，但其本身具有的创新性又使其能够不断突破固有的消极阻碍实现发展，使具有不同特点的乡村文化异彩纷呈。在乡村文化振兴过程中坚持遵循和尊重乡村文化发展的自身规律，通过继承传统并结合现代化发展理念，借助现代化科学技术，借鉴域外文化的有益成分等方式，实现了传统文化与现代文化、外来文化与本土文化等有机融合，推动了乡村文化的创新与发展，不断探索创造出适合本国乡村文化发展的成功道路。

二、中国式现代化视域下的乡村文化振兴路径

中国共产党始终代表中国先进文化的前进方向，党通过在农村坚持不懈地工作，让中国农村的文化面貌焕然一新。中国式现代化，是指导中国式农业农村现代化的重要思想理论武器。2021 年 6 月 1 日，《中华人民共和国乡村振兴促进法》正式实施，新时代的乡村振兴纳入国家法治体系，在实践中推进中国式农业农村现代化必须扎实推动乡村文化振兴，促进乡村物质文明和精神文明相协调。在中国共产党领导下的乡村文化振兴将会为全面乡村振兴提供强有力的精神支撑，乡风文明也必将进一步提升农民的幸福感和获得感，不断满足人民日益增长的美好生活需要。

（一）基层党建引领文明乡风

从党的领导人民革命、建设和改革实践中，我们不难得出经验和结论，党风正自然就能带动乡风文明。农村基层党组织可以通过"理论宣讲大篷车"送红色电影下乡、红色故事大讲堂等活动，以农民喜闻乐见方式，培育和弘扬社会主义核心价值观。

辽宁省葫芦岛兴城市三道沟满族乡头道沟村，就是打造红色文化的典范。头道沟村是革命老区，也是辽西义勇军重要根据地。村里通过深入挖掘文化内涵，建设三道沟革命历史教育基地，头道沟村着力打造"辽西红色旅游第一村"。村里组织梳理三道沟革命先辈及其英雄事迹，整理成册存入三道沟革命历史教育基地，做好红色基因传承。辽宁省丹东市宽甸满族自治县河口村有着丰富的抗美援朝红色资源，要充分利用乡村的绿水青山建好抗美援朝精神研学基地，组织规划建设"抗美援朝景观村""抗美援朝

精神传习所（河口）"'红'茶馆""马克思主义研学中心（河口）""河口文旅创业培训中心"等，以"一村、一所、一馆、两中心"在乡村文化振兴中形成文化富民、文化惠民的良性文化生态。

（二）优秀传统道德滋润文明乡风

在中国五千年的文明历史发展长河中，农耕文明曾长期在世界上遥遥领先，其重要的基因密码就是农村优秀传统文化，同时也是当下提振农村精气神的宝贵精神财富。要大力传播优秀传统道德情操，通过教育、宣传，让"勤俭节约、自强不息、与人为善、崇尚和美"的高尚道德情操深深扎根乡土，大力提升农民的整体精神风貌。当前，在新时代全面乡村振兴过程中，一定要传承好农村优秀传统文化，并结合现代文明要素，全面提高乡村文明水平。要在农村大力推进新时代文明实践中心、乡村文化广场、乡村文化大院等设施建设，组织村民办好"中国农民丰收节"，支持村民自发组织的"村晚"农民运动会、广场舞等文体活动，形成积极向上的良好社会氛围。

（三）新时代村规民约涵养文明乡风

乡风文明建设要立足长远，做好顶层设计和系统谋划。要大力弘扬敬老孝亲、家庭和睦、诚实守信、邻里互助等中华民族传统美德，确立"德业相劝、过失相规、礼俗相交、患难相恤"的向上向善风尚，为推进乡村治理体系和治理能力现代化夯实人文基础。要在乡村开展好家庭、好邻里、好公婆、好媳妇等各种评选活动，依托新媒体平台宣传模范事迹树立道德模范，以良好家风激扬社会正气建设文明乡村。辽宁本溪县肖家河村就非常注重新时代村规民约在乡风文明建设中的作用，村委会组织威信高的老党员、先进模范、社会志愿者等成立志愿服务队，引导鼓励全体村民积极参与，把"敬老爱幼、诚实守信、移风易俗、环境整治、工程包干"等众多民生内容写入《村规民约》，集中体现全体村民意见建议的新时代《村规民约》在村里顺利推行实施，取得了良好的社会效果。

（四）独特乡韵浸染文明乡风

传统村落作为乡民聚集的栖息地，承载了一个群体的历史记忆，是乡村文化的发源所在。要大力保护乡土文化遗产，让乡村文化遗产始终保持与时代的互动交流，让中华农耕文明历史根脉绵延不断并随时代发展进步而发展演进，成为支撑乡村振兴的宝贵资源财富。要根据村镇的地域特点，充分挖掘本地文化特质，让呈现在人们面前的村镇，个性鲜明，设施完善。既有乡风乡韵，又有青山绿水，留得住乡愁。安徽的西递宏村、福建的永定土楼又或者是湖南的凤凰古城，所展示的就不仅仅是美丽的风景，更是当地人们独特的文化追求。辽宁葫芦岛兴城市三道沟满族乡头道沟村在景区开发、村庄规划以及建筑设计的过程中，既保留了石墙木梁的传统民居，以及古树、古井、石磨、古庙等传统村落元素，又穿插进雕塑、纪念碑等红色人文景观，浓郁独特的乡愁乡韵让文明之花开遍乡村的每一个角落。

党的二十大深刻总结了党团结带领全国各族人民推进中国式现代化的实践探索和理论创新，指明了以中国式现代化全面推进中华民族伟大复兴的前进方向，擘画了新时代新征程推进中国式现代化的宏伟蓝图。在中国式现代化的征程上全面推进乡村精神文明建设，重点就是要抓住乡村文化建设这个灵魂，在推动乡村产业振兴、人才振兴、生态振兴、组织振兴过程中同步推进乡村文化振兴。

第二节　中国式现代化视域下的乡村教育振兴

乡村教育是我国教育的重要组成部分。办好人民满意的教育，需要加快义务教育优质均衡发展和城乡一体化，优化区域教育资源配置。在城乡发展不平衡的条件下，如何理解和实现振兴乡村教育以助推中国式现代化具有重要意义。

一、乡村教育振兴的理论意蕴

（一）乡村教育振兴的内涵与本质

准确理解和把握乡村教育振兴的内涵与本质，是乡村教育振兴理论研究的逻辑起点，也是乡村教育振兴实践举措系统推进的起点，更是探查乡村教育振兴路径与对策的关键。乡村教育振兴是乡村振兴的衍生概念，是指以现代化教育理念为指导，使乡村教育制度、思想观念、内容、方式和方法、治理体系以及校舍等逐步提高到现代化水平的教育形态的演变；它以乡村教育治理体系和治理能力现代化、全面构建现代化乡村教育制度体系为主要标志，以实现乡村学生全面和自由发展、办好人民满意的教育为最终目标。

首先，从宏观上来看，乡村教育振兴是乡村振兴战略的"子工程"。乡村振兴战略的实施，基础在教育，乡村振兴的实现最终要靠人才，而人才的培养要靠教育，振兴乡村教育可以为乡村振兴的实现注入教育动力。因此，乡村教育振兴是乡村振兴的重要支点，乡村教育振兴是乡村振兴战略的重要组成部分。乡村教育的发展与振兴需要立足乡村振兴的大背景，从国家层面和战略层面研究制定乡村教育振兴的发展计划，引导优质教育资源向乡村教育流动，用优质教育为乡村振兴注入更多发展动能。

其次，从整个教育内部来看，乡村教育振兴是我国教育现代化和教育全面振兴的一部分，是城乡教育均衡化和一体化的升级版。一方面，长期的历史积淀和乡村教育天然的劣势，导致乡村教育无法获得优质教育资源。虽然乡村学校硬件设施已经得到很大改善，但乡村学校经费分拨不足、城乡师资配备不均衡、城乡教师薪资水平不统一，导致乡村学校师资流失严重、优秀师资不足、教师整体素质不高，使得教育教学质量长期处于低位徘徊。另一方面，乡村教育的整体质量对于阻断贫穷代际传递、防止阶层固化，对于加快推进教育现代化、建设教育强国和办好人民满意的教育具有基础性和决定性作用。因此，乡村教育迫切需要完善公共教育服务体系，加快城乡义务教育一体化发展步伐，实现城乡教育均衡发展、协调发展、共同繁荣。

再次，从乡村教育本身来看，乡村教育振兴意味着乡村教育的全面提升，意味着乡村教育实现内涵式发展和内在的深度变革。虽然乡村教育振兴离不开物质的改善与提高，立足于"物"，进行人力、物力和财力的输入，加快硬件建设和教育资源改善，是乡村教育振兴的物质基础；但乡村教育振兴并不是简单粗暴的大干快上或大拆大建，也不是整齐划一搞"一刀切"，或者"千校一面"。可见，乡村教育振兴需要对教育体制机制进行优化与变革，需要优化教育结构，推进教育制度、内容和方法的变革，逐渐形成充满活力、富有效率、更加开放、有利于科学发展的乡村教育制度体系。同时，乡村教育振兴迫切需要教育理念的更新与升级，这涉及教育价值观、人才观、教育质量观、教育对象观和教育活动观等方面的更新。更为关键的是，乡村教育振兴需要振兴乡村教师队伍，提升乡村教育质量，打通乡村学生向上流动的通道，促进乡村学生的全面发展。

最后，从本质上来看，乡村教育振兴主要指的是乡村教育现代化，其过程伴随着从传统教育向现代化教育的转变，对传统教育中不合理因素的批判、突破和超越，是伴随区域性经济、社会、文化的现代化发展不断调整、更新、定位的过程。一方面，乡村教育振兴不能仅停留在物质层面，也不能只重视外在和量的变化，更多的是强调教育主体现代化、治理体系和治理能力现代化，以及教育理念、教育目标和培养模式的重构与提升，反映的是乡村教育内涵的增量和质的变化；另一方面，教育是培养人的活动，人的现代化是乡村教育现代化的核心。乡村教育振兴的终极价值判断是实现乡村儿童全面和自由的发展，促进人的解放和主体性的跃升，实现潜能的激发和生命价值的显现。乡村教育振兴应该从教育的原点出发，从"人"的视角出发，使每个学生都得到适性的对待，使其得其应得、获得全面的发展。

（二）乡村教育振兴的价值与意义

乡村学生的未来决定了中国的人口和劳动力素质，甚至决定了中国的未来。然而，乡村教育发展不充分，致使乡村学生的基本人权和发展权利受限，缺乏有效参与社会的基本能力和向上流动的竞争性教育资本。因此，乡村教育振兴是破解城乡教育发展不平衡和乡村教育发展不充分的必然要求，是推进教育现代化、建设教育强国和办好人民满意教育的关键一招，也是打赢脱贫攻坚战、实现乡村振兴的重要举措。

1. 乡村教育振兴可以从根本上促进教育现代化

党中央始终把"优先发展教育"尤其是优先发展农村教育作为国家战略，坚持把加快推进教育现代化、建设教育强国、办好人民满意的教育作为中华民族伟大复兴的基础工程。《中国教育现代化2035》提出到2020年教育现代化取得重要进展。到2035年，总体实现教育现代化，迈入教育强国行列。加快乡村教育的崛起与振兴，成为促进教育现代化、建设教育强国的重要方略。

乡村教育振兴的内涵与本质决定了乡村教育振兴必将围绕加快推进教育现代化这一主线，全面构建现代化教育制度体系，建立健全义务教育均衡发展保障机制和城乡一体化教育发展机制，切实缩小校际差距、城乡差距和区域差距，从根本上提升我国教育质量和教育现代化水平，大幅提升教育总体实力和国际影响力，最终使教育改革发展成果更公平地惠及全体人民。

同时，乡村义务教育是我国义务教育的大头，乡村义务教育质量关系到国家整体教育质量，乡村教育的发展影响着中国教育现代化和建设教育强国的历史进程，也决定着中国的人口素质和劳动力水平。没有乡村教育的现代化，就不会有整个国家的教育治理现代化；没有乡村教育振兴，中国教育就不可能实现现代化，中国就不可能从教育大国走向教育强国。

2. 乡村教育振兴有利于乡村振兴战略的推进与实现

乡村振兴是涉及经济、社会、文化、产业和教育等领域的全面振兴，乡村振兴的根本是人的现代化，人的现代化的基础在教育，而乡村教育振兴是乡村振兴在教育领域的延伸和体现。《乡村振兴战略规划（2018—2022年）》强调必须坚持把优先发展教育作为推动乡村振兴战略的先手棋，为乡村振兴战略提供有力人才支撑，乡村教育是推动乡村社会发展、文化创新的重要力量，是乡村振兴的重要内生动力。乡村教育振兴，不仅可以解决乡村教育在整个国民教育体系中的发展短板问题，更主要的是可以通过教育来阻断贫困代际传递。无论是实现乡村经济水平的提升，还是农民未来社会地位的跃升和阶层流动，乡村教育都必须要介入。进一步来说，乡村教育振兴可以促进民生，带动经济发展，从侧面服务乡村振兴战略，更为关键的是，乡村教育振兴可以以优质的教育质量留住人才，可以通过发展优质乡村教育，把乡村的人留住，把乡村的未来留住，还可以通过优质教育提升农村人的发展能力，提升全体国民的人口素质。因此，乡村教育既是整个教育系统的范畴，又是乡村社会的必要组成部分；乡村教育振兴既可以在乡村振兴中发挥着支撑作用和先导作用，也可以成为乡村振兴的重要支点和破解乡村振兴困局的关键。

3. 乡村教育振兴可以有效激活乡村文化的复兴与重建

乡村文化是中国传统文化、伦理道德、风俗习惯的主要载体，是中华民族的心灵寓所，也是城市文化的根基和维系中华文明生生不息的灵魂。乡村文化蕴涵着和谐、秩序、孝悌、诚信、礼义、廉耻等传统观念，是维系乡村社会有序良性运转的根基。然而近些年，乡村文化日渐凋敝，精神家园的迷失、道德力量的衰落、民俗传统的消失和社会文化精神的缺失，使得乡村社会的伦理根基和文化根基在慢慢坍塌，乡村生活在逐渐失去自己独有的文化内涵。当前，亟须复兴和重建新的合理的文明秩序和乡村文化，亟须培育文明乡风、良好家风、淳朴民风，提升农民的精神风貌和乡村社会文明程度。

虽然说教育只是整个社会系统的一个子系统，但乡村教育在乡村社会发展和文明演进过程中起到重要的作用。长期以来，乡村教育是中华文明得以培育、传承和发展的教育主体，也是乡村文化存续和复兴的基石。乡村文化建设归根结底是我们要追求怎样的生存状态，我们要建立怎样的价值观念。由此可知，乡村文化的复兴与重建，关键在文化传承和乡村文化世界的创造上，在伦理道德重建和文明乡风的培育上，在乡村文化空间培植和文化生命的孕育上。而教育的根本问题是文化培育的问题，文化传承与创新是教育的重要使命。乡村教育需要承担乡村文化虚化后给乡村少年成长留下的精神空白，全方位地抚慰、孕育乡村少年的生命机体，培育他们的完整心性与情感。换言之，乡村学校既要在智识发展上继续深化传统乡村学校的教育功能，又要充当乡村文化虚化后全面蕴含乡村少年成长的精神保姆。因此，有必要把乡村教育纳入乡村文化重建与复兴的视野。乡村教育的离场，不仅难以留住中国乡村文化的"根"，也难以塑造乡村文明的"魂"，难以培育社会主义新农村的核心精神与新时代的社会主义核心价值观。

二、从中国式现代化看振兴乡村教育的重要意义

（一）有利于实现乡村人口"人的现代化"

现代化的本质是人的现代化。没有乡村教育的振兴，乡村学生很难在成长中实现"人的现代化"。自英格尔斯提出"人的现代化"以来，通过现代教育实现"人的现代化"就成了现代社会发展的关键。实现"人的现代化"就是要让全体人民都得到全面发展，具有现代人的思想和价值特征。

中国式现代化是包括乡村在内的全体人民的现代化。我们所说的乡村教育，并不是说与城市教育不同的另一类教育，而是说两者都是在同一个教育目标和思想指导下的教育，使用着统一的教材和知识体系，只不过有的学生在农村接受教育，有的学生在城里接受教育而已。虽然城乡之间在资源配置上有所差异，但我们的教育有关部门已经在注意宏观资源的调控和配置，向乡村教育进行倾斜。

比如，对乡村教师的收入补贴和职称评审都有照顾。这些措施都是为了让乡村学生能够接受较高质量的基础教育。乡村学校曾经有一段时间的并校潮，并校虽然有利于资源整合，但也有一些乡村学生因居住地与学校距离过远而过早辍学。调查发现，乡村初中和小学尽管合并了不少，但为了使一些学生能够便利上学，有些乡村学校即使只剩下十几个甚至几个学

生，也依然在坚持办学。在中国规模巨大的人口里，如果这部分乡村学生接受不到良好的教育，"人的现代化"对他们来说就会是个难题，最终还会影响中国现代化进程。

（二）有利于实现共同富裕

教育、人才和创新是紧密联系在一起的。因此，在知识经济社会里，教育与致富有着更加密切的联系。我们知道，中国式现代化是全体人民共同富裕的现代化。要实现中国式现代化，就需要全体人民共同富裕。学界基本上比较认同教育与收入之间的关系，而且这种关系比较稳定。尽管20世纪80年代曾经短暂出现过"脑体倒挂"和"读书无用论"现象，但在知识经济时代，教育对收入影响的证据还是越来越多。

一般而言，乡村学生因为自身接受信息和知识的局限，总体上在全面发展方面不具有优势。如果不振兴乡村教育，他们的短板更短。近些年，人们把"小镇做题家"现象炒得沸沸扬扬，某种意义上也是对有些乡村、城镇学生在发展方面的弱势的揭示。"小镇做题家"的一个显著特点就是缺乏一定的视野和创造性，但长于应试。在"小镇做题家"的议题下，由于把一些较大的县级或者市级城市学生都定义成了"小镇做题家"，乡村学生更是在获得全面发展方面呈现弱势。

党的二十大报告指出：共同富裕是中国特色社会主义的本质要求，也是一个长期的历史过程。我们坚持把实现人民对美好生活的向往作为现代化建设的出发点和落脚点，着力维护和促进社会公平正义，着力促进全体人民共同富裕，坚决防止两极分化。在这样的背景下，更加凸显出振兴乡村教育对乡村学生的重要性，以及对培养乡村人才和实现共同富裕的重要意义。

（三）有利于推动实现物质文明和精神文明协调发展

中国式现代化是物质文明和精神文明相协调的现代化。建设有中国特色的社会主义，一定要坚持发展物质文明和精神文明，"两手抓、两手都要硬"。这也是实现"人的现代化"的需要。习近平新时代中国特色社会主义思想强调坚持以人民为中心，把人民对美好生活的向往作为奋斗目标，继承和发展了马克思主义"人的全面发展"理论。社会主义现代化需要改造人们生存的物质条件和精神条件，尤其是思想观念和价值观的现代化，在精神文明上从传统向现代转化。

党的二十大报告明确指出：物质富足、精神富有是社会主义现代化的根本要求。物质贫困不是社会主义，精神贫乏也不是社会主义。我们不断厚植现代化的物质基础，不断夯实人民幸福生活的物质条件，同时大力发展社会主义先进文化，加强理想信念教育，传承中华文明，促进物的全面丰富和人的全面发展。物质富足需要教育，精神富有更离不开教育。对于乡村来说，没有教育的振兴，没有现代知识和理念的习得，就难以使孩子们获得实现"物质富足、精神富有"的基础条件。

三、振兴乡村教育助推中国式现代化的三个面向

《乡村振兴战略规划（2018—2022年）》第三十章明确提出，优先发展农村教育事业。《2022年中国乡村教育发展报告》指出了乡村教育的诸多不足，比如，生源持续减少，中小学校数量减少，乡村小学教师年龄偏大，身兼多个学科等。因此，在助推中国式现代化方面，如何振兴乡村教育是需要各界人士认真思考的问题。对此，本书认为，振兴乡村教育需要做到三个面向。

（一）面向未来

我们已经迈进智能社会，振兴乡村教育就需要以未来的社会形态来培养人。我们的社会是从乡土中成长起来的，乡土性在乡村的色彩还颇为浓厚。在20世纪，中国社会经历了费孝通所说的"三级两跳"，即从农业社会跳到工业社会，再从工业社会跳到信息社会。进入21世纪以来，我们在进行第三跳，从信息社会跳到智能社会。随着互联网和人工智能技术等新技术的发展，人类已经在步入人工智能技术引领的智能社会。由于区域发展不平衡，尤其是城乡发展不平衡，振兴乡村教育更需要创造条件，使乡村学生有机会获得面向未来的教育。

随着移动互联网、物联网、云计算、人工智能等新技术的发展，智能社会已经存在于我们的日常生活中。物理实体空间和网络虚拟空间已经改变了万物存在和连接的方式，生活中新信息的数量和流动速度都不是生活变迁极为缓慢的乡土社会的人们可以想象的。即使目前生活在乡村的人们，因为万物的互联和智能手机的运用，也融入了智能社会。所谓面向未来的乡村教育振兴，就需要创造技术环境，把智能社会的元素引入乡村，融入乡村的教育和教学。传统教学法需要在新技术的配合下进行改造，比如，网络课程平台可以让乡村学生进入全国优秀教师的精彩课堂学习等。

（二）面向世界

振兴乡村教育需要把全球意识和视野带给乡村的孩子。面向世界意味着我们生活在一个开放、多元，并且变迁较快的社会，而不是一个封闭、同质和停滞的乡土社会。探索新世界，重视人的创新能力成为更为重要的适应全球化的需要。在发展水平较高的城市，这方面的教育条件较好；但在乡村，尤其是边远地区的乡村，教育条件就相对落后。乡村教育需要在现代化技术和基础设施的资源配置方面得到帮助，并鼓励和支持优秀的教育人才到这些乡村地区执教，以提高教育质量。这样可以在一定程度上提高乡村学生在全球化时代的竞争力，也为他们进入新时代智能社会劳动力市场打好基础。如今，人工智能技术正逐渐走出实验室，走进我们的生活，机器人将取代很多工作岗位。未来，人工智能技术在全球化背景下还会给我们带来哪些改变？谁都没有答案。因此，振兴乡村教育要面向世界，使乡村学生能通过教育具备适应急速发展的智能社会的意识与能力。

（三）面向城乡统筹

乡村振兴是实现城乡一体化发展战略的一部分，因此，振兴乡村教育也需要走城乡统筹的路子，将城乡视为一个整体布局教育，推进城乡协调发展。比如，城乡一体化便于推进城乡之间教师轮岗制度的实施，乡村教师进城工作一年或者两年，城里教师到乡村工作一年或者两年。这样，一方面，既便于提高乡村学生获得城市优质教师资源的机会，也便于乡村教师体验城市教育的优势，并进行学习和借鉴；另一方面，可以使城市教师获得不同的教学体验，利于进行教学反思和改进教学效果。

城乡统筹要做好以下三项工作。

一是经费上的划拨支持。不同地方的乡村学校可能情况不同，有的学校地处山区，规模较小，如果按照学生数人均划拨资源，这些学校就很难获得相适应的教学基础设施水平和技术装备条件。因此，需要因地制宜，统筹规划调拨资源，尽可能兼顾公平和效率。

二是师资人才的配备。乡村学校是人才相对比较稀缺的地方，需要政府给予优惠政策倾斜。虽然说城乡之间的教师轮岗制度在一定程度上可以发挥弥补的作用，但总体上还是需要给予乡村教师较好的政策支持，比如，一些需要照顾的学校为了吸引或者留住人才，可以在职称评定上走不同的途径，保留一定的指标进行"定向评价、定向使用"。

三是把振兴乡村教育纳入城乡社会治理体系。乡村教育的振兴也是城乡社会治理体系的一个组成部分。从面向世界和面向未来的维度看，乡村振兴都是城乡社会治理现代化的一部分，而乡村振兴与乡村教育的振兴是你中有我、我中有你的不分彼此的一体。没有乡村振兴，乡村教育的振兴也难以实现和持续；没有乡村教育的振兴，乡村振兴一样难以实现和持久。新时代的乡村教育振兴不仅仅是振兴乡村的教育事业，更要激发教育服务并推动乡村振兴的深层动力。只有把振兴乡村教育纳入整个城乡发展和融合一体化体系，才能相互促进、相互推动，使两者都具有持续发展的动力和条件。

四、中国式现代化视域下的乡村教育振兴的路径

乡村教育振兴是一项系统工程，需要政府、学校、家庭和社会等多元主体参与、相互配合、彼此联动、形成合力，形成乡村教育发展利益共同体。在乡村学校硬件条件已基本实现均衡化之后，乡村教育发展的"软件"即教育体制机制改革、教育理念的升级、教师整体素质的提高、学校内部潜力的挖掘、教育教学质量的提高，就成为决定乡村教育质量的关键。乡村教育振兴需要立足于乡村教育实际，以乡村教育短板为抓手，紧紧围绕加快推进教育现代化这一主线，以保公平、重内涵、提质量、促振兴为时代主题打出乡村教育振兴的组合拳，推动乡村教育高质量发展。

（一）将乡村教育发展融入乡村振兴战略，实现协调发展、共同振兴

乡村振兴战略为乡村教育的发展与振兴提供了前所未有的战略机遇和条件保障。随着乡村振兴战略的实施，国家必然加大对乡村基础设施建设的投入、持续改善乡村居民的生产生活环境、提高乡村社会保障水平，必然带来产业兴旺、生态宜居、乡风文明、治理有效、生活富裕的美丽新乡村，也必然全面提升乡村教育环境和办学条件。乡村教育振兴不只事关教育本身，乡村教育振兴离不开乡村振兴的场域，乡村教育振兴需要乡村的大变革和大转型，需要城乡融合发展体制来推动城乡在工业化、城镇化、信息化方面同步发展。任何只从乡村教育本身出发而忽略整个乡村振兴的做法，都无法从根本上振兴乡村教育。在理解乡村教育振兴和探寻乡村教育振兴方略的时候，都必须将乡村教育振兴置于乡村振兴战略这一更加宏观的视域之中考量。在乡村教育振兴过程中，必须破除画地自限的发展观念，既要立足乡村本土，从乡村教育自身看待乡村教育振兴的特殊性，也要具备整体思维，从乡村振兴全局去审视乡村教育的全局性；既要主动对

接乡村振兴战略，把自身发展与整个乡村振兴战略结合起来，也要注重与乡村振兴以及经济社会发展的互动和有机耦合，促进乡村教育与乡村各要素之间相互作用、互动生成、协调共进。

进一步来说，应该将乡村教育振兴与乡村振兴进行统筹考虑，积极探索乡村教育振兴与乡村振兴共融共通的发展模式与机制，从经济社会发展的整个视域和进程中对乡村教育进行合理定位，通过建立城乡深度融合发展的政策体系和体制机制带动和促进乡村教育发展。乡村教育要主动承担乡村振兴责任，乡村振兴战略要注重和增加教育意识，避免二者的相互脱离。唯有推动乡村教育事业与乡村振兴战略和谐共生，才能最终实现包括乡村教育振兴在内的乡村社会全面振兴。

（二）全面深化教育体制机制改革，破除乡村教育振兴的系统性问题

长期以来，区别对待的城乡政策供给、教育资源分配与分布不均、农村家庭相比城市家庭的教育支持能力与意愿差距等因素共同塑造了当下城乡教育发展的巨大差距。全面深化教育体制机制改革就成为乡村教育振兴的必然，也成为破解乡村教育振兴难题的关键。

一是要打破维系城乡壁垒的制度瓶颈，终止城乡教育治理的分割、分离和分治状态，统筹城乡教育管理制度，实行城乡教育一体规划、一体发展，探索城乡学校合作新模式，促进城乡教育双向沟通、共同繁荣。

二是要改革和创新经费拨付制度，逐步实施乡村学校经费从县市财政向中央和省级财政转变，特别是要制定补偿性教育政策，要发挥财政的再分配功能，制定有利于农村义务教育发展的相关政策，缩小城乡差距，逐步解决乡村教育资源投入不足，努力消除历史欠账累积所形成的劣势。

三是要转变政策重心：从注重"有学上"向强调"上好学"转变，从一般意义上的教育公平向有质量的公平转变，从重外延发展向重内涵发展转变，从教育基础设施城乡一体化向整体办学条件和教育质量一体化转变。

四是在确保乡村教育与城市教育同等地位的同时，给予乡村教育优先改革与设计、优先规划与资源配置、优先投资与增长经费、优先创新与发展等政策的倾斜，努力缩小城乡教育差距。各地要结合国家加快水电路气等基础设施向农村延伸，在交通便利、公共服务成型的农村地区合理布局义务教育学校。

五是要完善政府依法宏观管理、学校依法自主办学、社会有序参与、各

方合力推进的教育格局，建立党委政府领导、部门协调负责、学校权责统一、追踪问效的教育保障制度，确保优先发展乡村教育的各项政策能够落地落实。

（三）统筹协调城乡教育发展，实现城乡教育一体化

我国的城镇化趋势不可逆转，乡村振兴战略更是稳步推进，二者相互补充、相互促进，共同推进城乡融合发展是大势所趋。在城镇化和乡村振兴的进程中，乡村教育不能被隔离开来，更不能忽视农民、淡漠农村的孩子。乡村教育并不是文化和社会再生产的工具，而是阻滞贫困代际传递的有效途径和促进向上流动的天然阶梯。对农村学生来说，虽然置身于乡土，但他们的生活、教育和未来不应该囿于乡土这一场域。作为农村孩子接受教育的物理空间、文化空间和心理空间的乡村，其价值应该是为了促进乡村学生身心更好地发展，为他们自由地选择和创造属于自己的人生负责，而不应该成为限制他们发展的天然枷锁。既然成为未来的农民并不是他们的注定去向，成为未来的城市居民也未必是他们的必然向往，那么，理想的状态应该是：乡村学生根据自己的意愿，顺其自然地自由选择未来的生存空间和生活状态。乡村教育要确保他们既有开阔的胸襟和视野，也能积极迎接社会秩序变革、城市文明和城镇化的冲击；既能拥有一个开阔而健康的生存空间，也能找到生存的自信和生命的意义。

提倡乡村教育振兴，是为了消除城乡教育二元结构壁垒，消除乡村教育长期欠账所形成的劣势，实现城乡教育优质均衡发展。乡村教育振兴的推进与实施，要按照高质量发展要求，把城乡教育作为一个整体统筹规划，积极推进城乡教育一体化、城乡基本公共教育服务均等化，不断缩小城乡、区域和校际办学差距。决不能以孤立的、片面的、静止的眼光来看待乡村教育振兴，而是以城镇教育为标杆来推进乡村教育发展。统筹协调城乡教育发展是为了维峰填谷，不是搞平均主义或城乡教育一样化，也不是城市教育在乡村的简单复制，更不是简单地通过城市给予乡村资金、人才去支持乡村教育"表面发展"。如果说城乡关系不是相克的，那么，乡村教育和城市教育之间的关系也应该是相辅相成的。优先发展乡村教育，提倡乡村教育振兴，是为了创建城乡教育协同发展的新格局，在考察乡村教育发展与崛起的同时，也关注城市教育的发展。

乡村教育振兴需要准确理解和把握城乡教育之间的关系，跳出城乡二元思维——将乡村教育和城市教育相对立，或认为二者是非此即彼的关系。既要改变传统发展的理念，也要避免简单地要求城市教育支持农村教育；既要

反对将城乡教育割裂开来，还要防止城市教育发展与乡村教育振兴的简单叠加；既要从过去以城市为中心的教育发展理念向城市与乡村并重、城市与乡村真正平等的理念转变，也要在城乡教育融合发展的框架下研究乡村教育的发展走向，从城乡教育互动、互惠与协调发展中考察乡村教育振兴的路径。总之，应该以城乡教育系统思维审视城乡关系，以全局观统筹把握城乡教育整体，促使城乡教育之间形成以城带乡、以城促乡、整体推进、相互依存的关系，最终实现城乡教育协同发展、共同繁荣。

（四）转变乡村教育发展方式，增强乡村教育振兴的内驱动力

近些年，有的地方出现了对教育资源的单一强调和过度追求，只重视硬件建设而忽视内涵发展的问题比较突出，体现为"内涵"的诸如教师的教育观念和精神面貌、学校领导的管理水平和领导方式、学校制度的更新与完善、学校文化生态的形成与优化等差异则相对突出。面对重外延轻内涵的现实，必须转变乡村教育发展方式，从只重视物质条件改善转向重视人力资源开发和教育质量的提升，从无序增加设施、扩大规模转向内涵发展和优质均衡发展上来，通过乡村教育内在质量造血为核心的深度变革，缩小城乡学校之间的教育品质和教育质量的内在差异。

乡村教育振兴不能一蹴而就，更不能绕过内涵式发展。内涵式发展是乡村教育发展的高级阶段，重在教育的内在深度变革，重在学校内存和实质的扩充，是对"规模扩张、质量稀释"的校正。内涵式发展注重挖掘学校内部潜力、增强学校实力和竞争力、提高教育教学质量、提升办学效益及其知名度和美誉度的内生化精细化发展。内涵式发展既要优化教育的内部环境，提升教育的文化品行、人文意蕴和教育软实力，重视教师的质量提升和专业发展，提升教师的教育能力等，也要在"内"字上下功夫，也就是：校长要成为内行，引领学校内涵发展；教师要修炼内功，推动学校内涵发展；教学要丰富内容，催生学校内涵发展；校园要扩充内存，支撑学校内涵发展。唯有深入思考那些阻滞乡村教育发展瓶颈问题，将内涵式发展深入到最基本、最核心的教育教学领域，推进教师专业化、课堂教学、课程开发、班级管理、办学理念提升等多个层面，乡村教育质量才能实现飞跃，乡村教育振兴才有可能实现。

（五）打造高素质专业化乡村教师队伍，为乡村教育振兴做好人才储备

城乡教育差距本质上是教育质量差距，教育质量差距的关键在于城乡

师资水平差异，乡村教师队伍建设是乡村教育振兴的关键。目前，乡村教师队伍还存在一些制约乡村教育振兴的瓶颈问题，高素质专业化教师数量不足、职业吸引力不强、补充渠道不畅、结构不合理、整体素质不高等是乡村教育发展滞后和乡村教育质量不高的根本原因，也是阻碍乡村教育振兴的最大障碍。事以才盛，业由人兴。乡村教育振兴的关键在于乡村教师素质的整体提升，在于培养与造就一支适应新时代经济社会发展、师德高尚、业务精湛、结构合理、充满活力的高素质专业化乡村教师队伍。

首先，在全面落实乡村教师支持计划的基础上，建立健全乡村教师支持制度和激励机制，从制度上提升乡村教师队伍质量。让学历层次较高、整体素质良好、教学质量突出的教师能够下得来、留得住，要确保乡村教师数量充足、年龄与学科结构合理、补充及流动渠道通畅。

其次，应加强乡村教师专业发展和教育能力提升，引导乡村教师积极"修炼内功"。既要补充学科知识和实践性知识，也要充实教育理论知识、提高教师专业素养，还要正确认识学生的成长和认知规律，创新教学方式方法，不断提升教书育人的专业水平；既要掌握扎实的课堂教学能力和课程开发能力，也要练就现代教育技术的应用能力、教育活动设计和组织能力、对学生开展心理辅导和学习指导的能力、开展实施教学改革和课题研究的能力、良好的人际沟通和交际能力，等等。

第三节　中国式现代化视域下的乡村旅游振兴

一、什么是乡村旅游

（一）乡村旅游的实质及重要性

1. 乡村旅游的实质

乡村旅游是以旅游度假为宗旨，以村庄野外为空间，以人文无干扰、生态无破坏、以游居和野行为特色的村野旅游形式。以往乡村旅游是到乡村去了解一些乡村民情、礼仪风俗等，也可以观赏当时种植的一些乡村土产（水稻、玉米、高粱、小麦等）、果树、小溪、小桥及了解它们故事。旅游者可在乡村（通常是偏远地区的传统乡村）及其附近逗留、学习、体验乡村生活模式的活动。该村庄也可以作为旅游者探索附近地区的基地。乡村旅游的概念包含了两个方面：一是发生在乡村地区，二是以乡村性作为旅游吸引物，二者缺一不可。

不可否认，乡村旅游能在一定程度上推动农村经济的发展，但是我们不能将其视为经济手段，从本质上来说，乡村旅游是为构建乡村理想家园服务的，它应当是建设新农村的一种文化手段，是人类心灵栖息地的天堂。乡村旅游的动力模型指出，乡村文化是发展乡村旅游的原动力，乡村文化要从整体文化意象上区别于城市文化，这就要求组成乡村文化意象的每个元素都要具有乡村文化的内涵和特点，乡村旅游的生命力也来源于此。

2. 乡村旅游的重要性

第一，有助于城市对乡村带动。目前，我国总体上已进入以工促农、以城带乡的发展阶段。发展乡村旅游适应了居民消费结构升级的需要，实现了"大农业"和"大旅游"的有效结合，加快了城乡经济融合和三次产业的联动发展，不仅扩大了城镇居民在农村地区的消费，还加快了城市信息、资金和技术等资源向农村的流动。乡村旅游可以促进城乡之间的互动，有利于城乡统筹发展。通过乡村旅游这个途径，来自城市的游客会在潜移默化中把城市的政治、经济、文化、意识等信息带到农村中，农民也在与游客的交流中自然地接收到了现代化的意识观念和生活习俗，农民素质也因此得到提高。

第二，有助于国民经济的增长。乡村旅游现实和潜在的消费需求都非常旺盛，不仅符合城镇居民回归自然的消费心理，而且有利于开阔农民眼界。农村地区是旅游资源富集区，乡村旅游业的发展极大地丰富了旅游产业的供给体系，将成为中国旅游产业的主要支撑。

第三，有助于发扬地区的特色。乡村的优势和特色是乡村独有的景观和不可替代的资源。与此同时，就算是同样的乡村地域景观和资源，当它们出现在不同的区域中时，也会衍生出不同的自然特点和文化传统，发展乡村旅游的客观基础就是这些区域呈现出的相对优势和特色。合理的农村产业结构要在市场结构的基础上形成合理的地域分工，充分发挥各地的优势和特色，从而促进地域经济系统良好运行。产业结构是在将自然条件与社会经济条件，以及市场条件相结合的基础上形成的，讲求因地制宜。

各地乡村的农村产业结构是各不相同的，都是根据自身发展条件形成的，这是因为各地在自然环境、资源条件、劳动力状况、基础设施等方面是具有显著差异的。产业化经营基地和丰富的人造景观也是乡村旅游的特色之一。我国中部地区是粮棉油的主要产区，这一地区人口众多，有丰富的耕地资源，加之适宜的气候条件，各种类型的种植业、养殖业都发展得很好，同时，这些专业化的农业产区也是丰富的乡村旅游资源，各具特色和优势。

（二）乡村旅游的特点

乡村旅游是向往绿色之旅的一种融观、尝、游、购、娱于一体的综合性活动。乡村旅游具有以下八个特点。

第一，乡村旅游资源具有浓郁的乡土气息。城市和乡村是两个截然不同的生活环境，对于城市居民而言，乡村旅游之所以具有强大吸引力的主要原因就是那浓厚的乡土气息。很多游客之所以不畏艰辛地选择偏远地区的农村作为旅游场地，主要是为了享受那种纯天然的乡土气息，相反近郊地区由于商业化过于严重的缘故，乡土气息正在逐步地消失。对于乡村旅游的发展而言，如何保护这种浓郁的乡土气息是重中之重。

第二，乡村旅游内容具有广博性。不同的乡村自然风光、丰富多彩的乡风民俗、充满情趣的乡土文化、形态迥异的居民建筑和农业器具、富有特色的民俗节日等都是乡村旅游内容的一部分，或者说所有的乡土文化共同构成了乡村旅游。所以，乡村旅游的内容广博，任何与乡村生活息息相关的内容都可以成为乡村旅游的组成部分。

第三，乡村旅游目标市场是城市居民。乡村旅游之所以被称为"乡村旅游"，一是在于旅游活动主要发生在乡村，二是在于相对城市而言，城市居民前往乡村游玩的行为被视为乡村旅游。所以，城市居民是乡村旅游的主要服务对象，这是由城市的生活特点所决定的。一方面城市居民的收入远高于乡村居民，因此拥有足够的资金来支持旅游活动，另一方面工业发展使得城市的自然景观逐步地消失，狭小的生存空间使得城市居民对自然的需求极为强烈，所以乡村旅游的目标市场是城市居民也是理所应当的。

第四，乡村旅游项目具有很强的参与性。与其他旅游形式相比，乡村旅游的一个最大特点就是参与性较强，乡村旅游将旅游项目由陈列式上升到参与式，并使旅游者在农耕忙碌中体会到劳动所带来的全新生活体验，使旅游者既能观赏到优美的田园风光又能满足参与的欲望，最后还能很好地融观光、购物为一体，如采樱桃、陶瓷烧制、荡舟采莲等。

第五，乡村旅游形式具有地域差异性。不同的地域有不同的自然条件、农事习俗和传统。此外，每一种农林牧副渔产业的生产都具有很明显的地域性与特色。

第六，乡村旅游开展具有很强的季节性。农业生产是在人们定向干预和调节下的生物再生产过程，生产的各个阶段受水、土、光、热等自然条件的影响和制约，具有明显的季节性，从而导致乡村旅游活动也存在明显的季节性。

第七，乡村旅游开发具有投资少、见效快、效益好的特点。发展乡村旅游可以利用现有的农业资源，加以整修、管理，就可以较好地满足旅游者的需求；而且经济收益也较其他旅游形式多一个收入层次，即来自农业本身的收入。

第八，乡村旅游消费具有平民性。一般说来，乡村旅游路途短，交通费用少，体验价格便宜，就地购买的土特产品价格低廉。这些特征使得乡村旅游具备了产业化发展的条件。据测算，乡村旅游每增加一个直接从业人员，可间接增加五个就业岗位。通过发展乡村旅游从而形成以旅游业为中心的产业链，可以推动农村产业分工。由乡村旅游延伸开的产业链包括：旅店经营、种养殖业、农副产品加工业、运输业，甚至包括装修业、建筑业和文化产业等。乡村旅游作为一种超越工业化路径，直接进入第一、第二、第三产业的新的产业形态，已成为其产业化发展的重要途径。

（三）乡村旅游的类型

乡村旅游在长期的发展过程中形成了多角度多类型的划分，其细分类型的研究成果和进程反映了乡村旅游的发展方向与主要动态。国外相对注重乡村旅游内在机理的研究，乡村旅游的分类依据主要集中在乡村旅游资源、开发项目、游客动机以及成长协调机制等。而国内乡村旅游相对注重经营与参与，乡村旅游类型主要集中于开发依托、经营模式、发展动力、旅游资源等角度。

1. 按形成机理分

根据各方在乡村旅游系统中所起作用的不同，将乡村旅游分为三种类型，包括需求拉动型、供给推动型及政策扶持型。

（1）需求拉动型，主要受市场需求的影响，一般位于城市及景区等客源地周边，在政府引导下农民或企业灵活发展，这一类型的资源本底也很重要，但不起决定性作用。例如湖州市德清县的莫干山乡村民宿发展火热，一方面是由于外来人经营改善了农家乐的品质，使之成了"洋家乐"；另一方面是由于包括上海、杭州和南京在内的巨大的长三角地区个性化、品质化和国际化需求的拉动。其他的例如北京昌平区康陵村、四川郫县农科村等都是依托大城市巨大的市场需求，形成发展的根本动力。

（2）供给推动型，主要受旅游供给的推动影响，发展成具有吸引力的乡村旅游目的地这一类型与旅游资源关联度较高，一般具有一定的经济基础，具备投入开发乡村旅游产品的实力，政府和村集体是主导者。例如陕西的袁家村由当地的村支书领导，以村集体经营模式，带领村民从规划设计、建设落地、餐饮运营、服务管理等方面实现的整体的打造，成为中国最著名的乡村美食目的地，是供给推动的典型代表。

（3）政策扶持型，主要受政府政策推动和扶持作用的影响，通过精准扶贫、政策扶贫发展乡村旅游。此类型主要分布于西部地区或贫困地区乡村，远离客源市场，但资源本底较好，发展乡村旅游具有一定的潜力。典型案例如西藏自治区林芝市扎西岗村、湖州市安吉县高家唐村和长兴县顾渚村，在政府政策的扶持下，通过乡村旅游的发展实现乡村经济的发展。

2. 按资源本底分

根据乡村旅游依托资源本底的不同，将乡村旅游划分为历史文化型（包含民族民俗）、自然生态型、农业元素型（产业型）。

（1）历史文化型（包含民族民俗），依托古民居、古街巷、古民俗等历史文化价值高的乡村文化遗产，以文化的保护和再利用为核心，主要围绕文化遗存发展旅游，形成文化记忆浓厚、文化体验性强的文化主导型的乡村旅游发展模式。此类型强调空间的聚拢性，一般位于交通不便、区域环境相对闭塞、自然山水优美、经济相对落后的区域，旅游活动受季节影响较小，淡旺季并不明显，因古村落、古民居、古街巷等遗产生活传承范围内，具有很强的文化传承性与不可再生性。政府主导型较多，便于统一风貌，处理开发与保护之间的关系，近年来社会资本被逐渐引入。例如，西递和宏村是两个比较典型的历史文化型村落，都是世界文化遗产，典型的徽派风格具有很强的可视性和可游性，在开发上，西递采用村集体经营方式，宏村采用外来经营方式，共同放大文化型乡村的综合价值，实现多方受益。其他的如爨底下、阳朔、凤凰、呈坎等，都拥有深厚的文化基础和底蕴，成为中国最有味道的乡村文化地。

（2）自然生态型，以原汁原味的乡村自然生态为核心吸引，构建欣赏乡村景观、认知自然、培养和体验生态旅游环境，充分展现乡村生态景观美学价值、乡村居住宜人价值、乡村文化追忆价值与乡村生态教育价值的乡村旅游发展模式。此类型一般位于都市郊区，离市中心较远，是城市的"郊野公园"，山水生态环境清新，地方民俗独特，旅游发展从乡村生产生活区向周边自然山水环境范围进行延伸，旅游活动受季节影响较大，经营主体主要是农家乐农户、个体农庄，自发性较强。例如桂林的龙脊梯田，六百多年的乡村演化与千万年自然地质变迁形成了壮观的梯田，一些农家乐经营户依托优越的自然山水环境开展经营，呈现社区生活，旅游吸引力很强。

（3）农业元素型（产业型），以乡镇、村落为单位，依托原有或可引进的农业、工业及文化服务业，围绕产业发展主题旅游，以主题产业的生产、生活旅游体验为特色，并构筑旅游要素发展成为一定规模的主题特色产业，带动乡村产业结构调整优化，开发成产业引导型的乡村旅游发展模式。

此类型一般依托于城市和大型景区景点，处于环城游憩带，特色产业旅游资源是关键，产业主题性强，所以旅游活动受农业产业时令影响大。乡村生活区向农业生产范围延伸，空间再塑性强，初期以政府资金为主，后期因产业壮大发展需求，以外来社会资金为主。例如三亚玫瑰谷以玫瑰种植为基础，建设婚纱摄影基地、打造休闲观光农业旅游产业、打造玫瑰衍生产品加工产业、打造建立全国香精香料集散地，分期建设玫瑰鲜切花基地、玫瑰文化园、玫瑰风情小镇，走出一条"农业+旅游+玫瑰文化"的路子。其他的如蘑菇小镇、青蛙村、明月村等，都是依托当地特色产业深化延伸，形成具有特色 IP 的乡村旅游经济代表。

3. 按区位条件分

根据乡村旅游的区位条件，将乡村旅游划分为四种类型，包括中心城镇依托型、重点景区依托型、优势资源依托型和交通干线依托型。

（1）中心城镇依托型，分布于城郊或环城带，以中心城镇游客多次重游为主，依托中心城镇的配套服务和空间延伸，提供差异化、特色化的乡村旅游产品和服务。比较容易集聚，形成环城游憩带，与中心城镇形成共生关系，业态上以吃、住、娱为主。例如蟹岛度假村依托北京的城市公共服务配套，发展农业休闲产业，集农业休闲观光、乡村娱乐、生态种植配送、都市农园等功能于一体，经过多年发展已经成为北京老牌的农业体验地，此外，雁栖湖不夜谷、北京宋庄、湖州荻港渔庄和移沿山生态农庄等也都是结合中心城市（城镇）的配套服务和大量客群，打造乡村旅游发展竞争力的经典案例。

（2）重点景区依托型，分布于成熟景区周边或内部，或自成景区，以景区客源一次性游览为主，属于景区部分功能和业态的外溢和延伸，发展食、住、购等业态作为所依托景区的补充，形成寄生关系，并且以景区为中心进行放射状分布，在业态上与依托景区相互补充，主要是餐饮、住宿和购物。例如，慕田峪国际文化村承载慕田峪长城景区流量和服务形成艺术家和游客的集聚，西递、宏村依托黄山景区形成自主目的地，还有九寨沟、十渡等景区周边的农家乐都很兴盛。

（3）优势资源依托型，区位相对独立，依托具有竞争力和绝对优势的资源，比如可视性强的景观资源，极具特色的文化遗产或是富有竞争力的产业形态，通过外来的资本注入、客源导入等实现快速发展，以自身为中心向周围辐射进行自我生长，形成集聚区或功能区、目的地，未来可向景区依托型转变。例如雪乡位于黑龙江省牡丹江市辖下海林市（长汀镇）大海林林业局双峰林场，距长汀镇 105 公里，是一个离市区和景区都有一定距离的旅游地，但是该地充分发挥了当地林场的特色冰雪景观资源优势，放大当地民俗特色，做好对外营销，成为著名的民俗旅游地、影视拍摄地和综艺取景地。

（4）交通干线依托型，依托具有目的地性质的景观道路，沿线分布，组团发展，形成具有特色的乡村旅游集聚点，客源来自景观道的自驾或团队群体例如 318 国道因其横跨中国东中西部，包括了平原、丘陵、盆地、山地、高原景观，包含了江浙水乡文化、天府盆地文化、西藏人文景观，拥有从成都平原到青藏高原的高山峡谷一路的惊、险、绝、美、雄、壮的景观，而被中国国家地理杂志在 2006 年第 10 期评为"中国人的景观大道"；湖州环太湖"百里观光大道"，其沿线具有发展乡村旅游的绝对优势这种由交通干线或风景道带动的乡村旅游也将成为一种比较有代表性的类型。

4. 按参与主体分

根据乡村旅游参与主体在乡村旅游活动中所起作用的不同，将乡村旅游划分为四种类型，包括农民主导型、政府主导型、企业主导型及混合型。

（1）农民主导型。农民对自己所拥有的旅游资源进行管理，采取自主、分散、独立经营方式，各自承担经营风险，并独享经济收益。该类型能最大限度地维护农民的利益。根据实际经营结构组织的不同，可细分为"农户+农户"个体农庄、村集体三种农民主导的乡村旅游经营模式。

例如湖州市长兴县水口村（"上海村"）是农户+农户模式的典型代表，依托邻近上海、杭州、苏州的地理优势，经过多年的发展，从最初的几户农家乐壮大为全国最大的乡村旅游集聚区，综合效益可观。

（2）政府主导型，由政府直接（成立管委会）统筹规划开发与运营管理，以旅游发展收益反哺资源保护投入，并为当地居民提供就业机会，促进农民增收。随着市场经济的发展，政府统筹运营管理的乡村旅游项目中，也出现了市场化运作的现象，即政府成立旅游开发公司，执行乡村旅游项目的市场运营工作。例如贵州雷山县千户苗寨就是政府主导的典型代表，成立了以县委书记为组长，县各级行政单位主要负责人组成的雷山县西江景区旅游产业发展领导小组，下设西江景区管委，主要负责景区秩序维护、环境治理、规划与建设监管、基础设施建设等工作。此外，北京的斋堂、江苏的周庄也比较有代表性。

（3）企业主导型，在一些资本经济活跃度高、市场相对成熟、土地与资金政策改革试点的区域，如经济发达的长三角地区、首推坡地点状供地的浙江省湖州市、首个旅游产业用地改革试点城市桂林等，都出现了一批企业主导型的乡村旅游项目。以成熟的公司组织架构来投资开发并运营管理乡村旅游项目，即乡村旅游的公司制模式。北京蟹岛度假村是由北京一家集生态农业与旅游观光为一体的大型品牌企业经营，旗下有北京蟹岛种植养殖有限公司、北京凌云建筑材料装饰公司、北京蟹岛绿色生态度假村有限公司、北京蟹岛开饭楼餐饮有限公司、内蒙古赤峰蟹岛龙凤农产品有限公司、北京蟹岛食品科技有限公司等，在满足多元化市场需求，提升综合效益方面优势突出。

（4）混合型，乡村旅游的开发运营进入优化调整期，从前期的农民主导型、政府主导型、企业主导型转向混合型，即由农民、政府、企业、投资商等多方共同参与乡村旅游的开发运营管理，充分发挥各类主体的独特经营优势，避免了单一主体主导的局限性，多方通力协作，合理协调不同相关者的利益诉求，优化运营管理机制，并提升乡村旅游资源利用率。根据实际经营组织结构的不同，可细分为股份制和合作社制两种经营模式。

（四）乡村旅游的功能体现

开展乡村旅游是乡村经济发展的重要方面，乡村旅游的开展对地区经济的发展有着重要的作用。乡村旅游的开展不仅拉动了乡村产业的发展，还为乡村产业的增长提供了一种可持续的方式。

乡村旅游的功能体现在以下方面：

1. 审美享受

乡村地区的自然风光给人以心旷神怡的感受，具有很高的自然审美价值，田园生活是很多都市中人的梦想，而归园田趣是我国流传久远的传统意趣。乡村有着清新新鲜无污染的空气，有着生态绿色的蔬菜瓜果，有着别样的农村田园生活。长期生活在城市中的人们，有着繁忙的生活，居住在缺少田野和天空的地方，当他们来到乡村，会有一种非常愉悦的审美感受，这就是乡村的审美功能。

2. 缓解压力

乡村旅游的一大特色是休闲，乡村生活有着不同于城市生活的慢节奏，人们日出而作，日落而息，沿袭传统的吃穿住行，乡村生活是都市中人释放生活和工作压力的一个方式，旅游者达到乡村后，放下沉重的负担，遗忘生活的烦恼，释放心中的压力与不愉快。乡村旅游是缓解压力的好去处。

3. 教育体验

随着城市化的不断发展，很多的小孩从出生以来就生活在城市中，他们对土地和农作物十分陌生。很多家庭常常带着孩子一起去乡村地区旅游，以便在旅游的过程中，教会孩子关于农业生产和大自然的知识。孩子可以通过参与农业游戏了解关于农业生产的秘密，也可以在品尝乡村菜肴的过程中了解植物和蔬菜，孩子在愉悦的乡村游玩过程中学习到关于自然的知识。

4. 扶贫致富

以乡村旅游的发展带动乡村地区的发展，将城市的资源向乡村地区引流，让城市发展带动乡村发展，从而提高乡村地区的经济水平，提高乡村居民的收入水平，是我国发展乡村旅游的重要意图。

随着乡村旅游的开展，大量的流动人口涌向乡村地区，他们有着很大的消费潜力，因此很多资本看到商机也会涌向乡村地区，进而推动乡村地区的发展。乡村地区的产业发展和基础设施建设又为乡村居民提供了大量的就业机会，乡村居民有了实现自身价值的地方，并且获得劳动报酬，这一系列的产业发展改变着乡村地区的经济面貌，提高乡村地区居民的生活水平，从而摆脱贫困，走向富裕。

5. 改变乡貌

造成乡村地区落后面貌的一个重要的因素就是乡村地区居民受教育水平低，思想观念较为落后，但随着乡村旅游的发展，大量城市居民涌入乡村地区，带来了新的思想和观念，冲击着乡村地区的居民，开阔了他们的视野，让他们的思想观念得以更新。乡村的生态环境、社区居民的精神面貌、乡风文明等得以改观。

6. 文化传承

在中国的城市化进程中，比较显著的一个特点就是，城市都是千篇一律的发展模式，但是乡村地区却保留着很多传统的要素，保留着民族古老的生活生产习惯和建筑聚落、民俗节日灯光。可以说，乡村地区是民族文化的一个保留地，因此都市中人可以通过乡村旅游了解到那些被城市湮灭的文化，了解到民族传统久远的古老特色风物。

二、乡村旅游开发的常见模式

（一）田园农业旅游模式

田园农业旅游模式是以农村田园景观、农业生产活动和特色农产品为休闲吸引物。开发农业游、林果游、花卉游、渔业游、牧业游等不同特色的主题休闲活动来满足游客体验农业、回归自然的心理需求。

1. 田园农业游

以大田农业为重点，开发欣赏田园风光、观看农业生产活动、品尝和购置绿色食品、学习农业技术知识等旅游活动，以达到了解和体验农业的目的，如上海孙桥现代农业观光园、北京顺义"三高"农业观光园。

2. 园林观光游

以果林和园林为重点，开发采摘、观景、赏花、踏青、购置果品等旅游活动，让游客观看绿色景观，亲近美好自然，如四川泸州张坝桂圆林。

3. 农业科技游

以现代农业科技园区为重点，开发观看园区高新农业技术和品种、温室大棚内设施农业和生态农业，使游客增长现代农业知识。如北京小汤山现代农业科技园。

4. 务农体验游

通过参加农业生产活动，与农民同吃、同住、同劳动，让游客接触实际的农业生产、农耕文化和特殊的乡土气息。

（二）民俗风情旅游模式

民俗风情旅游模式即以农村风土人情、民俗文化为旅游吸引物，充分突出农耕文化、乡土文化和民俗文化特色，开发农耕展示、民间技艺、时令民俗、节庆活动、农耕节气、农产品加工活动等，开展农业文化旅游。如新疆吐鲁番坎儿井民俗园。

一是农耕文化游。利用农耕技艺、农耕用具、农耕节气、农产品加工活动等，开展农业文化旅游。如新疆维吾尔自治区吐鲁番坎儿井民俗园。

二是民俗文化游。利用居住民俗、服饰民俗、饮食民俗、礼仪民俗、节令民俗、游艺民俗等，开展民俗文化游。如山东日照任家台民俗村。

三是乡土文化游。利用民俗歌舞、民间技艺、民间戏剧、民间表演等，开展乡土文化游。如湖南怀化荆坪古村。

四是民族文化游。利用民族风俗、民族习惯、民族村落、民族歌舞、民族节日等，开展民族文化游。如西藏拉萨娘热民俗风情园。

（三）农家乐旅游模式

农家乐旅游模式即指农民利用自家庭院、自己生产的农产品及周围的田园风光、自然景点，以低廉的价格吸引游客前来吃、住、玩、游、娱、购等旅游活动。

农业观光农家乐。利用田园农业生产以及农家生活等，吸引游客前来观光、休闲和体验。如四川成都龙泉红砂村农家乐、湖南益阳花乡农家乐。

民俗文化农家乐。利用当地民俗文化，吸引游客前来观赏、娱乐、休闲。如贵州郎德上寨的民俗风情农家乐。

民居型农家乐。利用当地古村落和民居住宅，吸引游客前来观光旅游。如广西阳朔特色民居农家乐。

休闲娱乐农家乐。以优美的环境、齐全的设施，舒适的服务，为游客提供吃、住、玩等旅游活动。如四川成都郫县农科村农家乐。

食宿接待农家乐。以舒适、卫生、安全的居住环境和可口的特色食品，吸引游客前来休闲旅游。如江西景德镇的农家旅馆、四川成都乡林酒店。

农事参与农家乐。以农业生产活动和农业工艺技术，吸引游客前来休闲旅游。

（四）村落乡镇旅游模式

村落乡镇旅游模式是以古村镇宅院建筑和新农村格局为旅游吸引物，

开发观光旅游。

第一，古民居和古宅院游。大多数是利用明清两代村镇建筑来发展观光旅游。如山西王家大院和乔家大院、福建闽南土楼。

第二，民族村寨游。利用民族特色的村寨发展观光旅游。如云南瑞丽傣族自然村、红河哈尼族民俗村。

第三，古镇建筑游。利用古镇房屋建筑、民居、街道、店铺、古寺庙、园林来发展观光旅游。如山西平遥、云南丽江、安徽徽州镇。

第四，新村风貌游。利用现代农村建筑、民居庭院、街道格局、村庄绿化、工农企业来发展观光旅游。如北京韩村河、江苏华西村、河南南街村。

（五）休闲度假旅游模式

休闲度假旅游模式是指依托自然优美的乡野风景、舒适宜人的清新气候、独特的地热温泉、环保生态的绿色空间，结合周围的田园景观和民俗文化，兴建一些休闲、娱乐设施，为游客提供休憩、度假、娱乐、餐饮、健身等服务。

第一，休闲度假村。以山水、森林、温泉为依托，以齐全、高档的设施和优质的服务，为游客提供休闲、度假旅游。如广东梅州雁南飞茶田度假村。

第二，休闲农庄。以优越的自然环境、独特的田园景观、丰富的农业产品、优惠的餐饮和住宿，为游客提供休闲、观光旅游。如湖北武汉谦森岛庄园。

第三，乡村酒店。以餐饮、住宿为主，配合周围自然景观和人文景观，为游客提供休闲旅游。如四川郫县友爱镇农科村乡村酒店。

（六）依托农业产业的旅游模式

依托农业产业的旅游模式是指利用农业观光园、农业科技生态园、农业产品展览馆、农业博览园或博物馆，为游客提供了解农业历史、学习农业技术、增加农业知识的旅游活动。

第一，农业科技教育基地。是在农业科研基地的基础上，利用科研设施作景点，以高新农业技术为教材，对农业工作者和中小学生进行农业技术教育，形成集农业生产、科技示范、科研教育为一体的新型科教农业园。如北京昌平区小汤山现代农业科技园、陕西杨凌全国农业科农业观光园。

第二，观光休闲教育农业园。利用当地农业园区的资源环境，现代农业设施、农业生产过程、优质农产品等，开展农业观光、参与体验、DIY教育活动。如广东高明霭雯教育农庄。

第三，少儿教育农业基地。利用当地农业种植、畜牧、饲养、农耕文化、农业技术等，让中小学生参与休闲农业活动，接受农业技术知识的教育。

第四，农业博览园。利用当地农业技术、农业生产过程、农业产品、农业文化进行展示，让游客参观。如沈阳市农业博览园、山东寿光生态农业博览园。

三、乡村体验旅游创新发展思路

随着近年来旅游业的高速发展，乡村振兴战略下乡村体验旅游越来越成为当今旅游发展潜力巨大的一支新生力量，旅游业的竞争重心也正逐步由基于价格的竞争转变为基于体验价值的竞争。乡村旅游因其具有更优良的体验感知特征而成为近二十年旅游产业持续稳定的增长点，以体验为主导的乡村旅游开发研究成为人们关注的焦点。

（一）体验经济与乡村旅游开发关联性

对于旅游者而言，旅游产品是从背包外出旅游开始到再次回到家中这一时间段中的所有经历的总和，而在这一过程中，旅游者消费的不是某些具体的产品或是资源，而是付出了自己的时间、情感及行动。从这个角度来看，旅游者需求的本质就是想获得一个独特、愉悦而又难忘的旅游体验。在体验经济的背景下，旅游企业经营的核心也不仅是提供某一产品或服务，而是为旅游者创造美好而快乐的回忆和体验。与传统旅游相比，体验旅游具有更大的优势。乡村旅游是以乡村地域和乡村风情为主要吸引物，吸引游客前往观光、学习及休息的旅游活动，其本质是向旅游者提供认识及体味农家生活的某种体验，由此可见，乡村旅游与体验经济之间有着天然的耦合性。

（二）乡村体验旅游开发的必要性

由于起步较晚，乡村体验旅游的开发目前还处于不发达阶段，尤其在实践中还存在着一些亟待解决的突出问题，主要表现在以下几个方面：

1. 项目开发普遍缺乏规划，同质化现象严重

我国乡村旅游项目大多投资及经营规模较小、组织形式分散，在乡村旅游开发过程中，许多地区对农业休闲文化还没有认真了解，便仓促地进

行乡村旅游的开发，地方政府也缺乏具体的政策性引导及专项规划统筹。旅游产品要具有多元化与特色化的特点，只有这样才能满足游客个性化特色的体验要求。但由于进入门槛较低，很多地方为了追求经济效益，忽视了对市场的分析和规划论证，盲目开发。有的仅就现有农村景观资源略加修改而并未对旅游产品特色特点予以充分体现，从而极大地影响旅游产品的吸引力打造及游客的观光，不利于游客个性体验需求的满足。

2. 产品缺乏深层次开发，季节性显著

当前国内许多乡村旅游产品缺乏与本土资源的深度挖掘与有效整合，忽视对传统乡村文化、宗教理念、社会组织、家庭关系、乡村建筑、生活方式、乡村节庆等旅游资源的有效利用，旅游产品开发深度不够。千篇一律的产品模式难以形成独特卖点及旅游吸引力，使游客逗留时间短，消费支出受到抑制。另外，受自然气候影响，乡村旅游的季节性较为明显，旺季旅游者的过度集中会为旅游目的地带来环境以及设施上的较大压力，而在淡季又出现了大量资源、设施闲置的情况。对游客而言，旺季旅游者过于拥挤，而淡季又找不到乡村旅游的吸引点，不能很好地享受乡村田园的农家生活。

3. 体验型活动项目较少，旅游者参与度不高

随着体验经济时代的到来，传统的旅游产品已经越来越难以满足不断变化发展的旅游者需求，人们参与乡村旅游的目的，除了进行传统农业观光外，同时还希望借助各种体验型旅游产品更全方位、多角度地体验及感受乡村生活。由此可见，体验将是旅游者未来乡村旅游的主要动机之一，而体验型旅游产品的设计也将是乡村旅游可持续发展的一个重要方面。但就目前情况而言，绝大多数的乡村旅游产品开发还维持在初级阶段，更多的是依托现有资源优势对产品进行初级开发以满足旅游者需要，产品设计缺乏参与性及趣味性，旅游者的参与性不高。

4. 乡村旅游产品链不完善，旅游设施设备不足

旅游者在选择乡村旅游体验的同时，除了追求与城市居住环境不一样的青山绿水、田园风光，势必也会考虑游览过程中的各种基础配套设施，即"食住行游购娱"六要素。许多乡村旅游项目仍然停留在"吃农家饭、住农家屋、干农家活"的初级阶段，更有甚者误以为乡土设施越土、越旧越能吸引旅游者。在乡村旅游开发的过程中，某些元素的开发还略显滞后。如餐厅不满足卫生检疫标准，道路、停车场等达不到景区运营的标准，娱乐设施不足且缺乏特色等问题均成为直接影响游客综合体验的重要因素。

（三）乡村体验旅游开发的策略

1. 识别旅游资源，确定开发方向

首先，应对乡村旅游资源进行调研分析，并对其进一步地梳理分类。

其次，针对乡村旅游资源进行评价，基于旅游资源评价的结果对资源进行适度的筛选、优化及整合，使乡村体验旅游开发具备相应的设计依据及物质依托。对于乡村旅游的评价，可以从定性及定量两个角度作出评价，方法主要是景区需对自身既有的乡村旅游资源整体情况与其他景区做相应的比较分析，在此基础之上最终确定景区的相关特色和垄断资源定量的评价方法，即可以考虑运用国标法，依照旅游资源共有因子综合评价并系统赋分，其由系统评价项目及评价因子组成，评价项目由要素价值（从珍奇度、完整性、观赏游憩价值、规模丰度及历史文化价值等几方面进行评判）、资源影响力（从适游期、知名度、影响力几方面进行评判）、附加值（从环境安全及保护角度评判）等指标构成，评价项目及评价因子最终用量值来表示，根据旅游资源的实际情况分别对应予以赋分。

2. 细分旅游市场，明确客群定位

针对目标细分市场进行乡村旅游产品的设计及市场策略的制定，企业的经营才能更有针对性，才能为乡村旅游者留下更好的旅游体验。需要针对乡村旅游市场，按照旅游者的年龄、受教育程度、职业、收入、学历等指标，将客源市场按照相关标准进行分类，在市场细分的基础上，按照细分变量的特征，需要仔细深入地分析具有这种细分变量特征的旅游者的消费特征和消费习惯，并结合企业的竞争环境、乡村旅游经营者自身的竞争能力以及针对目标客群提供体验式旅游产品的难易程度，选择一个或多个目标细分市场，根据不同细分市场的旅游者需求开展相应的乡村旅游体验活动。

3. 定制旅游产品，差异化营销策略

如观光体验型产品营销策略。此类产品是需要旅游者借助观览来完成的旅游活动，游客与乡村旅游资源之间的交流是观赏，包括林地、湖泊、瀑布等自然生态景观，蔬菜、良田、果园等乡村田园景观以及耕作、灌溉等乡村农事活动。

这类产品的开发主要针对期望回归自然的银发市场、学生市场、商务市场、婚庆蜜月市场等。在宣传产品的过程中需强调乡村旅游景区拥有哪些良好的生态环境，突出"绿色""生态""回归自然"，可采用广告促销和

网络营销、旅游企业营销相结合的方式。针对学生及婚庆蜜月旅游市场可制作优秀的 DV 作品、摄影作品及微电影等，传达一种美好的旅游情怀和意念，在网上通过微博、微信、旅游门户网站、视频网站、社区论坛等媒介进行广泛传播，或与重要城市知名婚纱影楼合作，拓展景区作为婚庆及摄影的长期外景拍摄基地，赠送门票折扣券吸引拍摄照片的新人在景区旅游，并通过引导影楼及顾客在微博、微信等社交媒体上发布相关照片及文字的方式，为潜在目标客户获取景区信息提供便捷渠道。针对中老年旅游市场，增加宣传画册、明信片等营销工具的应用，在各大旅行社、酒店、商场、公园等位置散发。针对商务群体，可在繁华的街道、高档写字楼入口、机场、高速公路出入口等竖立广告牌，展现乡村旅游景区的自然风光、生态美景；固定与几家大型的旅行社进行长期合作，给予适当优惠，将景区纳入其必游线路，也可考虑与携程等在线旅游网站开展相关合作，打破传统营销模式，实现对景区门票的电子化销售。与人气团购网站如美团、大众点评网等展开团购营销，将景区一日游、二日游等旅游线路实现限期团购营销，从而吸引大量游客。

4. 休闲体验型产品营销策略

对旅游者而言，乡村旅游活动除了乡村景观的观光外，还包括采摘、耕种、野营、漂流、拓展训练等户外体验活动，休闲体验型产品因其游客停留时间长、旅游活动松弛平和、重游率高等特点受到旅游市场的欢迎。

此类产品主要针对银发市场、文化市场、商务市场、自驾游市场、家庭自助市场等。偏好此类型旅游产品的旅游者在旅游过程中的节奏相对平和松弛，因此在产品营销过程中应该主打"休闲""健康""养生""领适""雅致生活""乡村度假"等主题，同时了解旅游者需求。根据旅游者实际需求组合整体产品，如推出家庭乡村度假套餐、白领乡村度假套餐、中老年乡村度假套餐另外，需结合乡村特色旅游资源并以此为基础开发大型主题节庆活动，以此开发旅游产品一年四季的价值，并通过新闻媒体曝光吸引游客关注，提高乡村旅游景区的品牌知名度。针对老年客群，可选择他们比较习惯接触的媒体如电视、报纸、广播等进行景区的宣传报道，如可考虑通过电视的旅游频道以图文并茂的方式宣传景区，同时还要注意与当地老年组织保持较为紧密的联系，争取他们的支持和配合。针对家庭旅游客群，借助社区便利店、美发店、洗车行、城市公园、照片冲印店等场所设立售卖点，扩大产品销售；与知名户外俱乐部进行广泛合作，挖掘自驾车客源市场。

5. 文化教育体验型产品营销策略

偏好此类产品的旅游者一般都具有较高的文化修养，有较高层次的旅游需求及文化追求，他们外出旅游的目的除了观光和休闲外，更多的是希望能够在旅游的过程当中获取知识、有所学习。

因此此类产品的针对性也较强，主要针对文化市场、学生市场等。在宣传此类产品时，应该主要强调景区深厚的文化底蕴，强调乡村旅游地丰富的历史遗存和人文景观，可针对客群特点开发主题文化游，如"名人主题游""历史文化怀古游""乡村探秘游""寻找乡村的记忆之旅"等，以增强对专项市场的吸引力；举办文化研讨、考察及文化名人对谈活动，邀请文化研究机构、民间艺术家、文化协会、资深宗教人士等开展定期考察、学习及文化交流活动，使乡村旅游目的地成为国内专业人士关注地及文化旅游的重要目的地；开展竞赛营销，组织以乡村文化为主题的竞赛，诸如赛诗、赛文章、摄影、乡村文化研究等，借助主流媒体新闻报道，吸引游客光顾旅游。

四、发展乡村旅游的注意事项

党的十九大报告提出实现乡村振兴战略的总目标是促进农业农村发展现代化，相较于单一的农业现代化，农业农村现代化涵盖的范围更广，涉及农村的经济、政治、文化、社会、生态文明等各个方面，是要实现农村的全面发展和繁荣，以此为指导，在发展乡村旅游过程中应加强以下三个方面的工作：

（一）秉持可持续发展理念

乡村旅游是以乡村生态资源、乡村民风民俗等为吸引物而开发的一种旅游活动，有赖于良好的农村自然生态、良好的民风民俗，而如果通过发展乡村旅游造成对农村资源的肆意开发、环境生态的破坏、扰乱当地社会秩序等，乡村旅游也就成了无本之源，发展不可持续，也就不能实现农村的全面发展和繁荣。因此，在乡村旅游开发过程中要秉持一种可持续开发理念。这就要求发展乡村旅游一是要因地制宜，依托当地乡村旅游资源进行科学规划，引导乡村旅游有序开发；二是要注重培养政府管理人员及乡村旅游从业人员保护生态环境、发扬农村优秀传统文化的理念；三是在发展乡村旅游过程中充分考量乡村旅游可能带来的负面影响，做好防范措施。

（二）与农村其他工作相结合

党和国家一直高度重视"三农"工作，尤其是党的十八大以来出台了许多政策措施，投入了很多资源以促进农业农村全面发展和繁荣，可将乡村旅游与国家正大力推进的农村其他工作相结合，如精准扶贫、美丽乡村建设等。通过将乡村旅游与农村其他工作相结合，一方面可以整合资源，弥补农村发展资金等资源的匮乏，对农村发展有利于形成更大效应；另一方面，乡村旅游与精准扶贫、美丽乡村建设等农村工作相互依赖、相互促进，有利于形成农村发展的良性循环，实现农村全面发展和繁荣。

（三）充分发挥政府引导扶持作用

为实现农村的全面发展和繁荣，在当前农业农村仍为发展短板的情况下，要坚持农业农村优先发展，意味着尽一切可能促进要素、资源、公共服务等向农村倾斜，这一过程需要充分发挥政府引导扶持作用为乡村旅游的发展营造良好环境。一要制定乡村旅游发展的行业标准，明确乡村旅游发展方向；二要出台乡村旅游发展的政策，明确乡村旅游发展的管理机制；三要加强基础配套服务设施建设，补齐乡村道路、水、电、通信等短板；四要加强对乡村旅游的宣传推介，作为以自驾游客为主的乡村旅游，游客是否前来游玩有赖于宣传推介，尤其需要政府对整个旅游地的整体宣传推广；五要创新各种体制机制为乡村旅游保驾护航，如设立乡村旅游专门发展委员会、投融资体制等。

第四节 中国式现代化视域下的乡村有效治理

一、乡村治理现代化的内涵及背景

（一）乡村治理现代化的内涵阐释

乡村治理现代化是国家治理现代化在乡村社会的延伸和体现。相对于传统乡村治理相对单一和陈旧的手段而言，乡村治理现代化意味着乡村党政机构、农村经济主体及村民个体等多元主体，运用制度化、科学化的方式在程序框架内良性互动，共同对乡村经济、政治、文化、教育、社会生活等全方位的具体事务进行系统治理，以此实现乡村社会公共利益最大化的过程。乡村治理现代化具有如下特征：一是治理主体由"一元"向"多元"转变。多元主体共建共治是乡村治理的发展趋势。二是治理目标由管制向服务转变。提供更多更符合村民需求的公共服务，是乡镇党委政府和村级治理主体的职责所在。三是乡村治理的过程由权威和人治为主向民主和协商为主转变。村民自治为乡村治理提供了机制和平台，有利于村民权利意识的觉醒和乡村民主政治的发展。

推进乡村治理现代化，符合治理体系现代化和能力现代化的价值方向，也是国家治理现代化的趋势和要求。乡村治理现代化包括两个方面。一是完善乡村治理体系。主要是通过加强党对各个乡村治理主体的全面领导，建立完善乡村公共产品和服务提供机制、群众利益表达诉求回应机制、乡村政务公开和民主监督机制等一系列制度机制，推动自治法治德治"三治融合"，建立多元、民主、公开、公正的现代乡村治理体系。二是提升乡村治理能力。通过培养乡村干部领导事业发展和村务治理的能力，优化乡村社会"五位一体"❶的治理结构，促进乡村社会的全面、协调发展。

（二）乡村治理现代化的提出背景

乡村治理现代化，是在乡村社会发展进入转型期、农村全面深化改革进入深水区、乡村社会进入矛盾凸显期的背景下提出来的，具有一定的历史必然性和现实针对性。

1. 城乡融合发展迈向新阶段

在我国经济持续较快发展，特别是工业化、城镇化快速推进的背景下，我国已经迈向城乡融合发展的新阶段，进入工业反哺农业、城市反哺农村的新时期。与此同时，我国促进城乡融合发展的体制机制还不健全，存在一些明显的问题和"短板"。例如，城乡人口、资金、土地等要素流动仍存在不少障碍，城乡、工农之间的要素不平等交换仍然存在；城乡教育、文化、医疗等公共资源配置仍旧十分不平衡，农村基础设施薄弱、基本公共服务短缺等问题依然较为突出；现代农业产业体系、市场体系仍然不健全，农民收入稳定增长机制还不完善等。因此可以说，城乡发展不平衡、农村发展不充分是我国发展不平衡、不充分的最深刻体现。

解决中国社会发展的不平衡、不充分问题，很大程度上要依靠城乡融合发展，特别是乡村社会的全面振兴。这是关系到我国能否从根本上解决

---

❶ 五位一体一般指"五位一体"总体布局，即经济建设、政治建设、文化建设、社会建设和生态文明建设五位一体，全面推进。

城乡差别、整体发展是否均衡可持续的重大问题，也是畅通国民经济内循环的关键所在。当前，我国城乡产业发展水平差异很大，城市以制造业和服务业为主，乡村还是以传统农业为主，城乡"二元结构"特征仍然比较明显。未来农村经济发展以现代农业为基础，以农村第一、第二、第三产业融合发展、乡村文化旅游等新业态为补充。实现乡村经济多元化和农业全产业链发展，需要用城市的科技改造乡村的传统农业，利用城市的工业延长乡村的农业产业链条，利用城市的互联网等服务业来丰富农村的产业业态。推动乡村振兴，是着力解决好发展不平衡、不充分问题的战略选择，有利于重塑城乡关系，促进城乡融合发展，着力补齐农业农村发展"短板"，加快实现农业农村现代化。

构建现代乡村治理体制，推动城乡融合发展体制，是实现乡村振兴和农业农村现代化的重要制度保障。中共中央、国务院《关于建立健全城乡融合发展体制机制和政策体系的意见》指出：要树立城乡"一盘棋"理念，突出以工促农、以城带乡，构建促进城乡规划布局、要素配置、产业发展、基础设施、公共服务、生态保护等相互融合和协同发展的体制机制。只有强化制度性供给，持续加大强农惠农政策支持力度，逐步健全城乡融合发展体制机制，坚决破除妨碍各类要素在城乡间自由流动和平等交换的壁垒，促进各类要素更多向农村流动，才能在乡村社会形成土地、人才、资金、信息、产业汇聚的良性循环，从而补齐农业农村发展的"短板"，为乡村全面振兴注入新动能。

2. 乡村社会发展进入加快转型期

当代中国社会正经历着从传统社会向现代社会、从农业社会向工业社会、从封闭性社会向开放性社会的深刻转型。经过改革开放四十多年的发展变迁，农村经济发展条件发生了巨大变化，农村地区社会关系发生巨大转变，农村社会进入加快转型期。农村经济社会的转型和变迁，一方面给乡村治理能力提升提供了新的机遇，另一方面给乡村治理体系和治理能力提出了深刻挑战。

第一，转型期农村经济发展条件发生了巨大变化。随着市场经济的发展，农民收入渠道呈现多元化特征，来自农业尤其是种植业的收入在农村收入中的比重持续下降，已经不是大多数农村地区和农民家庭的主要收入来源，以人才和资金为主的发展要素流动对农村地区发展影响日益凸显，经济发展对乡村资源环境的影响日益凸显。随着农村产权制度的深化改革，农村土地关系发生重大调整，家庭联产责任制日益巩固，土地流转日益普遍，农民土地权益保障日益完善，土地收益方式日益多样化。随着城乡居民社会保障体系的日益完善，农村居民开始逐步享受到与城镇居民相同的医疗保障待遇，养老待遇也在逐步提升。城镇基础设施和公共服务逐步向乡村地区延伸，城乡居民用电价格执行统一标准，城乡道路一体化规划建设，垃圾处理和污水处理逐步延伸，公共自来水、天然气和暖气管网在部分乡村地区得以实现，义务教育全面普及，公共文化、卫生和体育服务逐步向农村地区全面覆盖。

第二，转型期农村社会关系也发生了巨大转变。人际关系日益复杂化，以血缘和邻里关系为主要纽带展开，业缘关系作用日益突出，交往网络日益复杂、交往范围日益广泛、交往地域日益广阔，呈现出开放化、流动性趋势，但也存在物质化、表面化趋向。代际关系日益疏离化，农村家庭组成越来越小型化、简单化，父母对成年子女经济、人际关系和道德观念的影响作用越来越小，成年子女对父母关注越来越少，代际关系约束力越来越弱。集体关系日益多样化，以农业经营，尤其是种植为主的集体经济多数已经不复存在，以土地之外的非农经营为主的集体经济薄弱，土地成为部分地区集体经济的主要收入来源，新型农业合作组织开始发展。行政服务、公共服务在农村行政中比重越来越大，村民政治意识、权利意识和民主意识日益增强。

第三，转型期乡村治理能力提升面临新机遇、新任务。转型期农村经济社会发生的深刻变化，使乡村治理能力提升面临新的发展机遇和历史使命。从时代机遇上看，一方面，在党和国家以及各级地方政府的支持下，能够获取更加良好的外部支持，完善提升乡村治理能力的制度体系，推动乡村优化产业、强化基础设施、完善公共服务、更好地保护生态环境；另一方面，随着乡村经济社会的进一步发展，农村居民对美好生活的向往更加迫切，农村地区和农村居民经济意识、民主意识、权利意识进一步增强，有助于激发提升乡村治理能力和建设家乡的内在动力。

此外，各类发展要素回归、回流乡村的趋势日益显现，对于进一步改善乡村治理环境和发展条件，具有明显的推动作用。从时代要求看，与城镇地区相比，乡村地区仍然存在基础设施相对不完善、公共服务相对不健全、基层组织相对不牢固、基层民主相对不广泛的突出问题。人际关系、代际关系、干群关系、村际关系亟待通过更加完善的制度和机制予以调和及调整，乡村地区政治、经济、社会、文化、生态和党的建设亟待进一步统筹推进，这些都依赖于乡村治理体系的完善和治理能力的提升作为保障。

3. 农村全面深化改革进入深水区

随着全面深化改革的推进，农村改革逐步进入攻坚期和深水区，面临各方利益的重大调整。破解当前农村农业和农民发展中亟待解决的深层次问题，对乡村治理能力提升提出了更高的要求。

（1）农村改革面临的新形势、新变化、新问题。经过多年的改革发展，农村体制改革和经济发展取得重大突破，确立了双层经营体制，建立了农产品要素市场体系，终结了两千多年的农业税，逐步构建完善了强农惠农政策体系，正努力构建城乡融合发展的制度框架，农业综合生产能力显著提高，农村经济总体走向繁荣，农村公共事业加快发展，党的建设不断加强，村民自治机制逐步建立和完善。与此同时，随着"三农"领域一些新变化的出现，众多新问题也不断出现❶。农业粗放经营、"污染下乡"及农村环保基础设施薄弱和管理缺位形成的农村生态环境保护困境，集体经济乏力、农业专业合作组织缺位导致农业农村发展后劲不足，农业劳动力流失导致大量地区的农业成为留守产业，农村精神文明建设不足导致各种攀比、浪费、赌博等不文明甚至违法行为走向泛滥，都对乡村治理的有效性提出了深刻挑战。

（2）农村改革呈现出敏感性、复杂性特征。随着改革发展进入深水区、攻坚期，农村改革敏感性、复杂性特征日趋明显。

一是经过几十年的改革，农村改革的空白点不多了，边界大为扩展，亟待破除的制度性障碍日益增多，涉及的利益关系更趋复杂。

二是农村改革的视野已不能局限于农村一域，而着眼于国家治理现代化大局，推进城乡融合和"四化同步"，目标渐趋多元，视野更加宏观。

三是全面深化改革最后碰到的都是比较难啃的"硬骨头"，不仅形成共识作出决策需要较长时间，在改革策略的选择上更需要反复斟酌权衡，防止发生颠覆性的错误，这进一步增加了推进改革的难度。

四是各地发展条件差别很大，改革力度、发展速度和社会承受程度不同，工作思路、思想观念等人为条件差异明显，很多重大改革没有现成经验。

（3）深化农村改革对提升乡村治理能力提出了新要求。解决农业农村发展面临的各种矛盾和问题，根本靠深化改革。为此，一是要坚持处理好农民和土地关系的改革主线，坚持和完善农村基本经营制度，坚持农村土地集体所有基本制度，坚持家庭经营基础性地位，坚持稳定现有土地承包

---

❶ 陈秋强.乡贤：乡村治理现代化的重要力量[J].社会治理，2016（2）：115-119.

关系。二是要以保障和改善民生为优先方向，坚持问题导向，树立系统治理、依法治理、综合治理、源头治理、技术治理等新理念，加强和创新乡村社会治理。三是要深化农业供给侧结构性改革，加快构建现代农业产业体系、生产体系和市场体系，加快完善乡村地区各类基础设施，加快形成农村社会事业发展合力。

全面深化农村改革的这些新要求，迫切需要加快乡村治理体制机制创新，切实发挥基层党组织战斗堡垒作用，充分激发农村农民的内生发展动力，尽快提升乡村地区依法治理、有效治理能力，统筹推进乡村经济、政治、文化、社会和生态建设，构建农业基础稳固、农村和谐稳定、农民安居乐业的"三农"发展格局。

4. 乡村社会进入矛盾凸显期

第一，社会转型期也是矛盾凸显期。转型既是结构转换、机制转轨，也必然涉及利益调整和观念转变。在现代社会转型时期，人们的行为方式、生活方式、价值观念都会随着经济社会结构的变迁而发生复杂深刻的变化。乡村地区作为我国社会的基层单元，随着乡村经济社会结构变迁和农民个人权利意识的增强，乡村社会矛盾以纠纷形式多样化、诉求复杂化、利益纷争去道德化和主体、维权手段多元化、复杂化、组织化为特征，复杂、多样且在一定地区和条件下集中发生，集体资产管理纠纷、征地拆迁纠纷、"外嫁女"分红权纠纷、选举权纠纷、福利分配纠纷、承包地和宅基地纠纷等大量涌现，将合理诉求与不合理诉求交织的违规上访、反复缠访、违法闹访也多有发生。此外，互联网、移动通信工具的普及，微博、微信、短视频等新媒体工具的应用，也很容易放大乡村社会矛盾，给乡村社会秩序的稳定带来不利影响。

第二，化解乡村社会矛盾亟待提升乡村治理能力。乡村社会矛盾进入凸显期，根本原因在于乡村发展不足、社会结构出现较大变化、各种利益关系的较大调整，亟待提升乡村治理能力，增强化解乡村社会矛盾能力。为此，需要加快体制机制创新，加强农村治理体系建设，积极培育经济、社会组织，广泛应用网络等新技术手段，进一步理顺"政府—市场—社会"关系，夯实基层组织战斗堡垒作用，拓展乡村居民参与乡村治理渠道，提升乡村治理现代化水平。这样既真正把农民实现自我发展和美好生活的愿望落在实处，充分激发乡村自我发展潜能和活力，解决各类社会矛盾根源；又有利于健全权益保障和矛盾纠纷调处机制，完善自主化解和法治保障机制，防范和化解各类社会矛盾，减少社会管理和运行成本。

第三,推进乡村治理转型,要求乡村治理的理念必须适应经济社会发展的新常态和农民群众的新期待,来一次比较大的变革。一是要由过去的单一主体行政管理向多元主体协同治理转变,促进党的领导、政府管理、社会组织调节和村民自治相互结合。二是要由依靠传统的人治方式和行政强制手段向坚持依法治理和授权治理转变,运用市场手段和法治方式调节经济运行、解决社会问题。三是要由强调社会管理向强调公共服务转变,寓管理于服务之中,转变公共服务提供方式。通过多主体、多元力量参与,推动形成党、政府、社会、人民对社会治理各司其职、各负其责、不缺位、不越位、合力共谋的格局,形成政府专门机关和社会群众治理力量结合的乡村社会治理体系。

二、乡村治理现代化的目标及原则

(一)乡村治理现代化的目标分析

当前和今后一段时期,乡村治理工作要按照中央确立的目标和要求,在乡村治理理念、治理主体、治理方式、治理机制等方面深入转型,着力构建结构合理、过程民主、方式科学的乡村治理体系,提升乡村社会有效治理能力,从而为新时代乡村全面振兴奠定坚实治理基础。推进乡村治理现代化,可以将治理主体多元化、治理结构网络化、治理机制协同化、治理方式法治化、治理手段智能化和治理过程精细化作为长远目标和转型方向。通过加强和创新乡村治理工作,努力构建多元主体共建、共治、共享的乡村治理新格局,不断健全自治法治德治相结合的乡村治理新体系。

1. 乡村治理主体多元化

治理是政治主体运用公共权力对国家和社会的有效治理及推进过程。治理意味着全社会所有成员,人人都是治理主体,人人都是治理对象,人人都是国家和社会的主人,人人有机会、有权力参与社会治理。社会治理要求治理主体的多元化,即要求政府、社会和市场等都能够成为治理的主体,这是国家治理现代化的必然要求。从治理发展的角度看,作为乡村振兴战略中总体要求之一的治理有效,源于管理民主。由社会管理到社会治理,预示着社会管理理念发生重大变化,其主体开始多元化、丰富化。乡村治理的领域广阔而复杂,需要多主体的密切配合方可实现。我国乡村社会发生的显著变化,对乡村社会治理提出了新要求,迫切需要树立新的乡村治理理念,推动政府、市场、民间组织等多元主体共同参与乡村治理。

现实中，由于自然、历史、制度等多种因素的影响，农民群众参与社会治理的意识还不强。乡村社会仍存在基层组织薄弱、村民自治水平不高、"四风"问题时有发生等现象。

在当前乡村治理结构下，乡村治理主体包括基层党政组织、乡镇政府、村委会、社会力量和广大农民群众等。

（1）基层党组织。在乡村治理的过程中，党组织在当地村委、当地村民之间构筑起了健康和谐的组织网络，把党的相关政策、党的主导思想、相关宣传等向社会各界进行一定的渗透，实现更好的乡村治理效果。

伴随农村改革的迅速推进，社会的形势较之前发生了明显的变化，目前，我国十分重视基层党组织建设，尤其突出了它在乡村治理过程中所扮演的重要角色和领导地位。事实上，早在20世纪80年代，我国就已经以法律的形式固定了基层党组织对当地工作的领导地位。最近这几年，党中央对《基层组织工作条例》进行了重新修订，其中，明确规定了乡村治理的基本内容、工作的最终目标以及需要完成的任务等，更加突出强调了基层党组织的重要性地位，强调其在整个乡村治理工作中所扮演的不可或缺的地位，这些进一步推进了农村改革发展与建设的步伐。在对国家相关战略进行落实的过程中，基层组织扮演的角色尤为关键，它能够倾听到最真实的人民心声，也能对整体工作起到较好的领导、协调和组织作用。一直以来，我党都强调党管工作。乡村治理工作要想取得实效，需要多个主体协调配合，需要它们的共同参与。然而，每个主体在参与的过程中又会站在自己的视角思考问题，会考虑自身的利益和诉求，如果仅仅依靠镇政府来进行统筹安排存在较大的困难。因而，基层党组织需要对农村发展和建设工作充满热情，协调好各个主体，确保执政根基的稳定。在各个主体利益产生冲突时，基层组织需要发挥其调动各种资源、完善平台建设的作用，将不同主体之间的矛盾处理得更好，确保矛盾得以协调。

（2）乡镇政府。国家行政体系中，乡镇政府虽处于末梢，但是我地位尤为关键，对乡村治理工作的贡献也很大，它在行使相关职能时代表的是国家这个大的组织单元。乡镇政府使得国家权力更好地走向乡村，最终实现高效治理的目标。最近这几年，国家十分重视基层政权建设，原因之一就在于不断提升基层政权的执政能力和水平，更好地代表国家行使政治权利。政府职责在服务，而非掌舵。基层政府在国家权力和农村之间架起了有效交流和沟通的渠道，也使政府的职能得到全面发挥，各种类型的社会资源恰恰是通过基层政府到达农民的手中。乡镇政府扮演的角色尤为关键，在政治、经济、文化、卫生、教育等方面都发挥着不可或缺的引领作用。从乡村治理的过程来看，乡镇政府在一定程度上将资源、权利和制度进行一定的下沉，并建立起它与乡村社会之间的紧密联系。从资源下沉角度来看，乡镇政府更多地需要进行设施的配备即设备的供给，确保高质量供给的实现。从制度下沉的角度来看，在整个下沉的过程中，相关的资源与乡村事业发展之间建立了紧密的联系。从权力下沉的角度来看，农村扶贫队伍在工作的过程中直接与贫困户对接，政府权力直接进行了下沉。促进乡村治理不是哪一个个体的事情，而需要多元主体积极参与其中，这就要求乡镇政府在一定程度上将权力下放，尽可能减少自身的过多参与。同时，乡镇政府需要在能力范围内提供必要的治理平台，确保各个主体之间不存在矛盾。如果我们不重视乡镇政府在治理工作开展的过程中所扮演的重要角色，乡村治理的秩序就会被严重破坏。

（3）村委会。按照《村民委员会组织法》明确规定，村民对自我进行管理、实现高质量的自我教育，进而更好地服务民众是村委会的主要职责，村委会的工作涉及政治、经济、文化、管理等多个方面。经过不断地进行重构和建设，在乡村治理的各项工作之中，村委会扮演重要的角色，它发挥的作用不容忽视。就本质而言，村委会是全体村民进行村级事务管理、确保自身利益能够被更好地维护的单元组织。一方面，村委会是协调村级各项事务，有效处理各种事情的主要组织，同时，村委会是传递政府信息，对各项事务法规进行有效落实的主要推动力量。在乡镇政府落实相关的政策时，村委会发挥的作用至关重要，它进行具体各项工作的操作。例如，项目的具体推进、信息的检索等都需要发挥村委会的引导力量，由其牵头开展。虽然当前一些村委会有这样或者那样的问题，例如治理能力不高、贿赂等问题，然而，它依然是乡村治理中重要的一环。随着乡村治理进程的不断推进，村委会面临的发展现状更加复杂、矛盾更为突出，扮演的角色也更加多样。但是，在自治工作大范围推广以后，村"两委"依然面临着各种各样的难题，使治理效果大打折扣。

（4）社会力量。乡村治理工作的开展需要多个主体的积极参与，包括镇政府、村委会、村民以及主管领导等，它们的参与满足了乡村发展的资金、政策、技术、资源等各方面的诉求，也使治理的效果有了最根本的保障。其中，各个社会组织和企业也应该在各自的职责范围内承担责任，这些都是乡村治理的中坚力量，乡镇政府的一些职能被上述协助力量有效承担起来。社会组织具有较强的自发性，村民在其中扮演着重要的角色，其目的在于使村民的利益得到最好的维护。它具有明显的非营利特征，也不是由政府所组织的。其主要工作任务是提升公共服务的质量，做好社会保障等相关工作。社会组织使传统模式下组织效果不高的现象得到了一定的改变，更多分散的村民能够集中在一起，参与到文化、政治等建设当中。乡镇企业进一步推动了乡镇的高质量发展，也优化了乡村的就业结构。乡镇企业发展规模的不断扩大，使培训开展、技术提升等工作取得了新的突破，也有效解决了乡镇政府市场作用发挥不到位、服务不健全等多方面的问题，进一步促进了乡村治理工作的全方位提升。在乡村治理工作当中，乡镇企业所扮演的角色十分关键，它促进了产业振兴发展的步伐。在长期的发展之中，由于"二元对立"发展的影响，广大乡村地区由于没有政策、资金、技术等方面的支撑难以获得较快的发展。但当前，各种社会组织和企业的参与使乡村治理能够占有的资源更加丰富，强化了乡村治理的力量支撑。

（5）广大农民群众。村民是进行社会建设的主要力量，他们社会财富的增加做出了卓越的共享。在战争时期，广大农民群众经过不懈的奋斗掌握了国家的话语权。在新的发展阶段，农村积极参与到乡村治理的过程之中，成为治理的中坚力量。无论哪项政策，最终都要通过村民来落实，受益者都是广大人民群众。农村的事情村民最熟悉，他们对发展中的问题十分了解，也能够对每一项治理工作进行有效的反馈。如果村民不能参与到自治工作当中，现代化乡村治理很难得到真正的实现。按照对乡村治理贡献率的大小来区分，村民主要由精英和一般村民组成。前者指的是在社会某一领域表现卓著的人才，后者相对分散，很难在村集体拥有较大的话语权，产生的影响力也比较小。和一般村民相比，精英的知识水平一般较高，他们德高望重，受到了村民的尊重，能够为乡村发展作出贡献，他们在乡村治理中产生的影响也较其他人更大。

总之，乡村治理的主体多元化，意味着村级党政组织、集体经济组织、民间社会组织或者村民个人等，都可以作为乡村治理的主体并在各自领域发挥自己的功能。推动乡村治理主体多元化，要从政府包揽向政府指导、社会共治转变，鼓励和支持社会各行为主体积极参与乡村事务，实现政府治理与社会调节、居民自治的良性互动，构建多元主体共建、共治、共享的乡村治理新格局。

随着国家的迅速发展，各种社会力量不断参与到乡村治理过程中，各种团体、精英人才也都扮演着不可或缺的角色。目前，乡村治理工作应该在党组织引导下，充分发挥当地政府、社会团体、村民等的力量，实现共治的最终目标。

2. 乡村治理过程民主化

随着马克思社会治理思想、多中心治理、新公共管理等相关理论不断运用到我国乡村治理实践中，治理取代管理成为乡村社会善治中的重要理念。但是，现行的乡村治理体制本身还存在党政不分、乡镇基层政权"悬浮化"和"谋利化"、村民自治组织过度行政化、"乡政"与"村治"之间的过度博弈、社会组织发育不健全等诸多问题，与治理理念和乡村治理现代化的应然要求之间还存在较大差距。原来的治理机构是计划经济统治的，是自上而下的统治。而现代治理机构，是自下而上的，包含着治理对象之间，也就是国家、政府与社会、民众之间的协商和妥协。推进乡村治理现代化，要求我们在基层社会治理中要更多地体现政府与人民群众之间的互动，而不是用以往那种行政命令式的做法。这就要求我们用协商民主的方式进行基层社会治理。通过坚持和完善村民自治制度，广泛开展基层协商民主，充分发挥群众的主动性和积极性，从而使决策体现村民意志，保障村民权益，依靠群众预防化解矛盾，激发村民创造活力，为村民参与治理搭建平台，拓展渠道，丰富形式。

3. 乡村治理机制协同化

"治理"与"统治"有着明显的不同。治理是运用权威维持秩序以满足公共利益的需要，治理的权威是自下而上公众的互动参与意识，而统治的权威是自上而下的行政命令，二者存在内在的本质区别。乡村治理过程的协同化，强调各治理主体间在公正、平等、法治的基础上相互协调和良性互动。乡村治理的效果公共化是指，在突破乡村固有利益格局的基础上，寻求村民公共利益的最大化。现实中，由于"压力型"体制的存在，改革发展稳定的大量任务压在基层，推动党和国家各项政策落地的责任主体也在基层。现在一些地区在基层治理中存在"碎片化"的现象，各职能部门各干各的，各层级也是各干各的，虽然目标一致，都在维护基层社会稳定、推进经济发展，但需要克服这种"碎片化"的现象。

因此，推进乡村治理体系和治理能力现代化，要树立大抓基层基础的鲜明导向，推动社会治理重心下移。党委政府在基层社会治理上要继续发挥主导性作用，要与社会、群众之间形成良性的互动，不能包办代替。通过乡镇党委、政府、村支两委、经济社会组织和村民等多层级、多主体的联动，构建协同治理的社会网络，从而有效整合资源、化解矛盾，打造共建共治共享社会治理格局。

4. 乡村治理模式智能化

智能化是信息化社会演进的高级阶段。社会治理智能化是信息化时代的必然要求和有力抓手。随着互联网特别是移动互联网发展，社会治理模式正在从单向管理转向双向互动，从线下转向线上线下融合，从单纯的政府监管向更加注重社会协同治理转变。目前以"互联网+"和人工智能为代表的新技术日新月异、层出不穷，日益颠覆着人们的传统认知和习惯。这既为社会治理提供了更高级的工具，也带来了此前未曾遇过的问题。现代社会已经进入了一个信息化和智能化的时代，新兴网络技术已经融入人们日常生活的方方面面，也给传统的社会管理模式带来了前所未有的压力。诸如网格化治理、目标责任制等传统手段，在一些地方和领域已经难以符合现实的需要，也难以实现有效治理的目标。

推进乡村治理现代化，要积极尝试运用智能化手段推动基层社会治理创新，不断提升人民群众的获得感、幸福感、安全感。推进乡村治理手段智能化，一方面，可以加快推进乡村"雪亮工程"建设，推动城乡视频监控连接贯通，整合各类资源，构建立体化、信息化社会治安防控体系，织密织牢农村公共安全网。健全网络、论坛、微博、微信等反映渠道，完善举报奖励等机制，把群众发动起来，开创群防群治新局面。另一方面，可以结合"互联网+电子政务"建设，构建全域统一、线上线下一体的智能化公共服务平台，把可拓展上线的窗口服务移到网上、连到掌上，让群众办事不跑腿、数据多跑路成为常态。值得关注的是，智能化手段应用于基层社会治理，更需强调顶层设计，不能每一个职能部门或每个地区都建立起自己的"一套模式"，互相之间不连通，这样不仅会提高整体社会治理成本，也会降低效率。要建立统一的网络系统，才能够更好地发挥智能化技术手段，作用于社会治理。

5. 乡村治理方式法治化

建立法治、摆脱人治，是现代民主政治的基本要求。法治的基本内涵是，法律应作为公共管理的最高准则，任何政府官员和公民都必须依法行事，在法律面前人人平等。在现代国家，法治是治国理政的基本方式。法治的目标是规范和约束公民的行为，维持正常的社会秩序，但其最终目的在于保护公民个人的自由、平等及其他的基本政治权利。治理取"水治"之意，有润物无声之内涵。从"管理民主"到"治理有效"，反映了我们党在乡村治理理念上的深刻变化。治理更多的是强调"法治",管理更多的是强调"人治";治理强调发挥政府、社会、个人的配合和协调作用,管理主要强调政府的作用。推进新时代乡村治理创新,在治理方式上要从管控规制向法治保障转变,运用法治思维和法治方式化解社会矛盾,加快社会领域立法,廉洁公正执法司法,加强法制宣传;要建立调处化解矛盾纠纷综合机制,依靠法治预防化解矛盾,把法治作为化解矛盾的首选方式和终极方式,在法治轨道上解决群众诉求。

6. 乡村治理方法精细化

精细化管理最早使用在企业管理上,它是一种以最大限度地减少管理所占用的资源和成本为主要目标的管理方式,通过对目标进行分解、细化,以明确责任、落实目标。社会治理的精细化是社会管理理念和方式的重要创新,也是未来社会治理的走向和趋势。精细化管理是注重细节、精益求精和追求卓越的治理模式,集中包含了细节、精简、准确、精致和卓越等基本元素。社会治理精细化注入了治理现代化的内容,并以此构建共建共治的社会治理格局,实现治理现代化的目标。精细化治理是相对于过去的粗放式管理而言的。粗放式管理以类或群为基本单位,主要是解决特定类群的人、事、物的问题,最后形成的是一种概括性、归纳性或笼统性的信息,并不去触及分散的和个别的社会事实。但同样一个群体,每个人的实际情况又是千差万别的。因而精细化治理是尽可能拆解社会事实,确立尽可能最小化的治理单元,实施多样化和差异性的治理,由此形成着眼于"个体化的治理"。比如近些年来大力推进的精准扶贫精准脱贫工作,就是精细化治理在乡村贫困治理中的成功实践。必须要搞清楚究竟谁是贫困人口、贫困程度以及贫困原因等,才能做到扶贫对象精准、措施到户精准、项目安排精准、资金使用精准、因村派人精准、脱贫成效精准,从而做到扶真贫、真扶贫、真脱贫,为打赢打好脱贫攻坚战奠定坚实基础。

推进乡村治理精细化,一是改变粗放式乡村治理模式,培育精细化治理的社会文化,把精细化贯穿于乡村治理全过程,弘扬"工匠精神",注重细节、精益求精,确保干一件、见效一件。二是构建标准化体系,加强社会治理成本效益分析,完善绩效考评机制,使社会治理过程可量化、可追溯、可考核。三是深入推进乡村治理体制机制的改革,推动乡村治理重心下移,实现权力和资源以及责任的下沉,提高基层党员干部的素质和能力,充分发挥其积极性和主动性,在处理日益复杂化社会事实的过程中微妙地落实精细化治理的要求。

（二）乡村治理现代化的原则

构建现代乡村治理体系，要坚持以习近平新时代中国特色社会主义思想为指导，着力把握好推进乡村治理提升的基本原则，坚持人民治理主体地位，构建自治、法治、德治相结合的乡村治理体系，实现三者的良性互动，最终达成乡村善治。

1. 农民主体地位的原则

农民是乡村治理现代化的承载者，也是乡村治理现代化的受益者，还是乡村治理现代化效果的衡量者。如果农民没有积极性，乡村治理现代化就必然难以实现。乡村治理必须坚持为了人民、依靠人民，相信依靠群众、充分发动群众。切实尊重农民意愿，充分发挥农民的主体作用，调动农民的积极性、主动性，把维护农民群众的根本利益、促进共同富裕、促进全面发展作为乡村治理的出发点和落脚点，不断提升农民群众的获得感和幸福感。要真正把人民满意不满意、拥护不拥护作为乡村治理成效的根本标准。坚决反对和制止各类违背农民意愿，搞强迫命令、劳民伤财的政绩工程，深化村民自治实践，加强基层民主政治建设，加快形成民事民议、民事民办、民事民管的多层次基层协商格局。保障和支持农民通过自我管理、自我教育、自我服务的乡村自治机制在乡村社会当家作主，确保公共产品与公共服务的供给服从农民需要、交由农民决定，推动广大农民群众成为乡村治理的真正主体，激发农民的积极性、创造性，使其成为乡村振兴的内生动力。❶

2. 依法综合治理的原则

法治是治国理政的基本方式。作为协调和处理社会关系的一种手段，社会治理需要有法律根据、法律支撑、法律保障；社会治理的各个主体要有法治思维、法治意识，其行为要符合法治的规范与要求。

创新乡村治理体制，必须坚持依法治理，强化法治保障，努力运用法治思维和法治方式化解社会矛盾。推动治理方式由管控规制向依法治理转变。推进乡村治理现代化，还要综合运用除法律外的其他手段来进行社会治理。要坚持综合治理和系统治理，推动乡村治理手段从行政手段为主的单一手段运用过多向多种手段综合运用转变，把社会管理从政府单向

---

❶ 刘刚.乡村治理现代化：理论与实践[M].北京：经济管理出版社，2020：30.

管理向政府主导、社会多元主体共同治理转变。多种手段包括道德教育的手段、行为规范自律的手段、社会矛盾调节的手段等，通过坚持综合治理，强化道德约束，规范社会行为，调节利益关系，协调社会关系，解决社会问题。

3. 因时因地制宜的原则

我国地域广阔、农村人口众多，农村发展水平、经济条件、农民文明程度差异较大，地区乡村经济发展水平不平衡，亟须找准问题、精准施策，有针对性地加以破解。深入推进乡村治理现代化，必须立足农村实际，推动各地立足自身资源禀赋、基础条件、人文特色等情况，探索符合当地特点、适应"村情"的乡村治理模式，确定乡村治理的发展思路和推进策略。科学把握乡村的多样性、差异性、区域性特征，注重规划先行、精准施策、分类指导，不搞"一刀切"和统一模式。尽力而为，量力而行，合理设定阶段性目标任务，做到久久为功，扎实推进。要妥善解决一些村庄空心化、产业空洞化问题，切实纠正一些地方违反客观规律，违背群众意愿，急于求成，盲目搞大拆大建，强迫农民集中上楼居住以制造乡村兴旺表象的错误做法。要树立"绿水青山就是金山银山"的发展理念，修复和改善乡村生态环境，加快推进农村环境整治，打造美丽宜居乡村。要大力弘扬和传承地方优秀传统文化，加强历史文化遗址保护，完善公共文化服务体系，加强对乡土特色文化技人、艺人、能人的培育和扶持，增强新乡贤引领示范带动作用，弘扬新时代文明乡风，着力提升乡村社会文明程度。

4. 城乡统筹协调的原则

城乡融合发展是重大要求，也是发展方向。要适应城乡一体化和公共服务均等化的发展要求，促进基础设施和公共资源在城镇和乡村之间均衡配置。统筹谋划城乡社区治理工作，注重全域覆盖、以城带乡、优势互补和共同提高，促进城乡社区治理共同进步、协调发展。要坚持以"三起来"要求推动城乡融合发展。把强县和富民统一起来，把改革和发展结合起来，把城镇和乡村贯通起来，建立健全城乡融合发展体制机制和政策体系，推进城乡基础设施一体化建设、公共服务均等化布局，促进城乡发展要素合理流动。加快补齐农业农村"短板"，使乡村地区能够获得与城镇地区相应的产业发展、基础设施、公共服务和社会保障机会，夯实城乡共享发展成果的基础条件，切实解决城乡要素自由流动、平等交换的基础条件问题。要构建城乡融合发展大格局。把握好城镇和乡村两项重点工作的协调联动、统筹推进；科学推进全域一体的新型城镇化，全力打赢农村脱贫攻坚战；坚决破除制约城乡融合发展的体制机制弊端，推动城乡要素自由流动、平等交换；加快形成工农互促、城乡互补、全面融合、共同繁荣的新型工农城乡关系。

5. 着眼全面振兴的原则

要认真研究自然条件、资源禀赋和乡土社会特点，科学研判提升乡村治理能力面临的总体形势和内部条件，准确把握自然生态和经济社会发展的一般规律和阶段性特点。严格按照产业兴旺、生态宜居、乡风文明、治理有效、生活富裕的乡村全面振兴总要求，准确把握乡村振兴的科学内涵，挖掘乡村多种功能和价值，释放农业农村发展潜力，统筹推进农村经济、政治、文化、社会、生态文明和党的建设，注重协同性、关联性，整体部署，协调推进。

科学把握乡村治理内部各领域及其与县域治理、乡村全面振兴之间的关系，把提升乡村治理能力作为乡村全面振兴的关键环节，通过加快体制机制创新、提升乡村治理能力凝聚乡村建设力量、激发乡村发展活力，加快乡村全面振兴。

三、乡村治理现代化的实践路径

（一）强化基层公共卫生体系和能力建设

1. 促使应急防控救治体系得以健全

（1）加快传染病防控救治体系建设。按计划建设符合传染病诊治布局和流程要求的应急医院。平时用于其他医疗工作，应急时腾空整个院区，用于疫病救治。应急医院建设应高起点规划，多部门合作，限节点完成。加强基层医疗机构发热门诊、诊室规范化建设，满足传染病人初诊初筛要求。建立社区疫情防控管理组织，推行社区服务管理一体化。预备大型公共设施，作为疫情高发期方舱医院、隔离观察点建设预留区域，用于隔离观察或轻症病人收治。定向招录感染科医生，从事医院传染病防治工作。建立医联体集团，医联体内医务人员采取"县管乡用"模式，招录后必须在医联体乡镇卫生院工作满一定年限，推动乡镇卫生院人才队伍良性循环。将社区医生管理列入政府购买服务序列，采取"镇管村用"模式进行公开招考，彻底消除社区医生后顾之忧，稳固社区医生队伍。探索"能上能下"激励机制，激发医务人员工作积极性，提升医技水平。出台相关政策，鼓励医务人员下基层工作或参与基本公共卫生服务项目。建立民营医院医务人员志愿者队伍，发生重特大传染病疫情时可紧急招募。合理调配人力资源，优先保障发热门诊和隔离场所等重点区域诊疗需求，缩短医务人员可能暴露的时间，避免过度疲劳。开展心理辅导和咨询服务，关心医务人员身心健康。

（2）提升传染病防控救治应急能力。逐级夯实医疗机构责任，切实将感控要求落实到临床诊疗和公共活动各环节。鼓励应用人工智能、大数据分析、远程医疗等技术，提供网上预约和远程医疗服务。做好医务人员健康监测，强化感染控制意识，提高感染控制能力。增加监管部门、纪检监察部门督查指导频次，发现感控事件，一查到底。优化预防接种、核酸检测等大型活动组织管理，合理布局活动现场点，切实落实常态防控措施，杜绝医源性感染。强化传染病防控救治市县联动。市级层面应急储备2~3台PCR移动方舱实验室，以应对疫情突发开展现场快速检测。同时，成立应急采样检测队伍，快速参与全员核酸采样检测工作。建立应急救治联动机制，对县（市、区）传染病救治能力进行评估，确定传染病人分流标准，制定病人分流救治应急预案。同时，在各县（市、区）开展区域医疗机构考查评估，建立康复定点医院储备库，用于治愈出院者的康复管理。

（3）提高传染病防控救治保障水平。加大基层医疗卫生机构投入力度，增设传染病防控工作专项经费。政府统一采购防护物资和检测试剂，满足医疗卫生机构防控需求。落实卫生防疫工作补助专项经费，足额预算乡镇卫生院医务人员经费、社区卫生服务中心医务人员经费。科学制订防控专项考核细则，及时发放防控津贴、应急加班补助和隔离场所等人员工作补助，确保经费定期发放到人。

2. 促使高质量疾控体系得以夯实

（1）推进镇村"一体化"管理。以新一轮医改为主线，厘清乡镇中心卫生院和卫生所职能，理顺镇村管理体系，重新核定驻镇卫生所人员编制，负责辖区医疗机构管理、卫生监督、督查职业病防控等工作。明确乡镇中心卫生院承担镇村一体化管理职责，领办村卫生室。对村卫生室实行"六统一"管理，设立预防保健科，承担基本公共卫生服务，负责儿童计划免疫、儿童保健、妇女保健门诊等工作。建立相应机制，明确乡镇中心卫生院预防保健科人员配备比例，工资待遇总体水平不低于医院医疗技术人员平均水平，对承担家庭医生签约服务等建立奖励机制，允许突破绩效考核总量，调动医务人员积极性。

（2）推进"医""防"深度融合。按照"合理设置、分步推进"原则，加快推进各地疾控分中心建设，厘清分中心职能定位和管理方式，并推进分中心实质化运行。各镇分中心主要负责辖区内传染病、寄生虫病、地方病、非传染性疾病疫情监测报告、流行病学个案调查、疫点消毒以及疾控具体工作。各医院分中心主要负责医疗机构门诊、住院疑似及确诊传染病疫情信息收集、核实、报告，以及医疗机构疾控具体工作，参与突发公共卫生事件应急处置。坚持"医卫联合，预防为主"，构建县级龙头医院和社区卫生服务中心、乡镇中心卫生院以及疾控中心等机构"联通协作"共同体，共同推进"以预防为主，降低发病率"目标的实现。明确界定公立医院的公益性导向，将传染病学科的良性发展纳入公共卫生体系。改革财政拨款机制，在收费标准和财政补贴综合调控措施下，引导医院经费向感染科等公益性科室倾斜，加大投入力度，完善财政补助机制。推进公共卫生信息系统与医疗卫生信息系统的互联互通，通过大数据监测分析，针对不同人群开展相关健康宣教、疾病干预，推进疾病预防、医疗救治和疫情防控的智能化、信息化。加强医院疫情防控平台建设，增强基层医疗机构特别是基层医生的传染病防治意识，发挥传染病监测网点作用。

（3）实施医卫人才发展战略。进一步解放思想，通过务实、灵活的政策倾斜用好现有人才、留住人才。落实政府领导责任和保障责任，由政府牵头，各职能部门、基层医疗机构共同商定人才队伍建设的发展目标。坚持人才引进和培养并重的原则，对基层机构人才进行规范性、针对性培养，全面提升人员综合素质和能力。继续探索和强化医学院校公共卫生专业毕业生引进激励措施，加快解决疾控中心、卫生所人员紧缺问题。按人口1~1.20‰的比例足额核定乡村医生编制，乡村医生编制纳入乡镇中心卫生院管理。继续有计划地定向培养愿意到基层工作的医学生。保证村卫生室建设维修、公用经费、各项保险费用，保障乡村医生待遇不低于乡镇中心卫生院医疗技术人员平均水平。在绩效考核上适当倾斜，鼓励乡镇中心卫生院医务人员到村卫生室坐诊。

（二）加强基础设施建设

1. 支持乡村"新基建"建设

"新基建"作为补齐社会发展短板以及推进社会经济实现高质量发展不可或缺的有力工具。同时，对于提升我国世界舞台、全球产业链以及价值链当中的地位更是不容忽视，对于持续释放地区发展潜能意义重大。如今，农业政策性机制是我国在振兴乡村经济方面存在的突出短板，我们应当全力支持乡村"新基建"建设，并以此发挥出重要作用。

（1）创新"新基建"支持领域。应当充分结合乡村"新基建"具体涉足的领域，持续加大力度进行创新，有效拓展"新基建"支农范围，并且开辟出新的支农蓝海。全面支持我国乡村地区信息基础设施方面的建设，有效提升我国乡村地区基础设施数字化建设水平。比如，支持我国乡村地区种植业、种业以及畜牧业等农业生产经营领域实施数字化改造。全力支持我国"区块链+农业"以及 5G，还有人工智能等一些新技术应用到基础建设当中，不断创新关键技术装备。持续加大对我国农业农村云平台的建设，加大对农业农村大数据平台的建设，健全农业农村政务信息系统等，为促进乡村振兴提供支持。

（2）创新"新基建"支持模式。进一步强化对我国农村信贷业务发展模式的创新力度，持续推广并且应用企业自营、供应链金融以及 PPP，还有 TOT 等模式的过程中，应当紧紧围绕广大客户的真实需求，尤其是要在政府增信、产业链金融以及土地利用，还有优质客户等多个方面做足文章，持续创新并且丰富具体的业务模式、服务手段以及金融产品。同样地，还要积极探索新型贷款、保险、股权以及债券，还有基金等诸多联动方式，从而实现对物资流、资金流以及信息流等做出有效控制以及闭环管理，为促进其发展提供完善的融资解决方案，尤其是要打好在"投资、贷款、债务、租赁以及保险"等多个领域形成组合拳，全面提升服务乡村振兴"新基建"的能力。

（3）创新"新基建"合作模式。

第一，加强银行和政府之间的合作。银行要当好作为金融顾问的角色，积极参与到农村地区"新基建"政策制定以及项目规划当中来，为地方政府提供更具品质的融资咨询业务服务，同时要统筹谋划好各个项目融资主体以及资金来源，还有信用结构以及融资模式上的创新，要把地方政府视角建设的"投资项目库"积极转化成为金融发展视角下的"融资项目库"。

第二，要持续抓好银行和企业之间的合作。进一步强化对乡镇企业作出金融辅导。比如可以采取"一企一策"以及"一问题一方案"的做法，实现直接和间接融资二者并重以及表内和表外融资充分结合的方式，进而帮助地方乡镇企业定制与其发展战略规划相匹配的融资方案。

第三，加强同业合作。持续深化和国家政策性银行、保险企业以及商业银行，还有投资银行以及担保机构展开深度合作，持续健全"政策性银行+担保+商业+保险+基金"的多举措多渠道融资方式。

（4）创新"新基建"支持主体。在具体的投入模式方面，农村"新基建"应当主要采取"以市场主导为主、地方政府引导为辅"的发展模式，积极引入社会资本投资。所以，应当支持央企以及国企，还有技术、通信以及创新类先进企业加入农村"新基建"发展领域当中，并发挥出其作用。持续挖掘我国优质民营企业的力量，尤其是当地优质企业，广泛融合各大优势资源，凝聚各方力量，全面推进乡村振兴"新基建"建设。

2. 完善传统基建并兼顾新基建

从我国今后的长期稳定发展考虑，尤其是克服城乡"不平衡不充分"发展，进一步缩小城乡差距，推进全国一元经济发展的角度，农村仍应该以解决传统基建投资领域存在的四大问题为主，以新基建投资为辅。当然城镇中的新基建项目可能要更多，但应切实避免只顾在城镇追求"高大上"的新基建，而忽视或遗忘我国农村地区传统基建还存在很多问题、还有很大缺口的现实，从而更加扩大了城乡发展不均衡。

（1）发展农村特别是落后地区常规基础设施建设。发展农村地区常规基础设施，首先要着眼于短板问题最严重的地区，即必须加大力度投资农村落后地区的基础设施建设，使基础设施由城乡一体化的障碍，提升为融合城乡发展的保障，从而提高城市主动参与农村基础设施建设以及解决上述四大问题的积极性。加大力度补齐农村基础设施建设的短板，围绕建设美丽乡村目标，完善农村地区水、电、交通、通信、物流等基础设施建设，推动农村地区形成产业布局合理、城乡互补、协调发展的基础设施体系。

（2）引导民企投资农村基础建设。在继续发挥国有企业中坚力量的同时，今后城乡基础设施的建设也应当更多重视和引导民营企业进行投资，关键是要保证民企投资的收益和安全。今后中国农村基础设施方面问题的解决，也不应当只由政府唱独角戏，而更可能是由政府、企业、社会力量合作完成。今后，国家应当进一步放宽私有企业准入条件，促其与国企等平等竞争，独立运作，同时制定政策保证其经营利润，引导其参与农村新基建建设，也可通过PPP等方式参与传统基础设施的建设。基于此，吸引城市地区人才流、信息流和资金流，反向转移到农村地区基础设施建设中，打破城乡二元经济结构壁垒，有利于改进农村人口分散，促进基础设施发展并提高农村居民生活居住环境。而大量农村内生民营企业的发展，更能够扩大农民的就业，带动农产品深加工、扩大农村市场，促进乡村娱乐、餐饮、运输、教育等产业的发展，增加农村贫困地区收入，提升新时代农民素质。近些年许多民营企业家都产生于信息化产业，在网络通信、数字化和人工智能等领域有其自身的优势，故而对接棒"新基建"在农村中形成新引擎，民营企业很可能发挥出巨大的推动作用。

（3）鼓励和支持农村集体共建共享基础设施。中国农村广大农民是农村基础设施最直接的受益群体，因此国家也应当出台更多有针对性的政策，鼓励村委会充分发挥其基层作用，引导号召农民集体组织和个人参与到部分基础设施项目的管理和建设中来。本着谁出资谁受益的原则，推行"集体及个人出资，集体建设，集体及个人共享"的运作机制，从而也可形成推动中国农村地区基础设施建设的一个重要力量。

（三）推动乡风文明建设

1. 深入挖掘利用地方文化资源

文化是一个地方的灵魂和名片，是一个地方最重要的无形资产。充分挖掘地方文化资源，打造特色鲜明的地方文化品牌，是传承创新地方历史文化的重要途径，是发挥文化对经济社会的支撑和推动作用的重要法宝。

第一，坚持保护和开发并用，推进文物和非物质文化遗产资源共享。继续推进重大和重点文物保护工程，提升非物质文化遗产保护水平，加强对非物质文化遗产传承人的培训，让非物质文化遗产成为农民群众的文化"小鲜"。

第二，重视挖掘地域内的传统工艺、历史人物、名篇名著、戏曲、绘画、民间传说等，经过策划和整合，促使其成为具有市场潜力的文化产业项目，并依托品牌活动和营销网络等方式，促进本地特色文化产品"走出去"。

2. 有效实施乡村德治工程

农民是乡村振兴的主体，农民思想道德素质高，是推进乡村振兴的关键；近年来，农村思想道德建设取得良好成效，但也面临来自乡村转型的严峻挑战。要坚持教育引导、实践养成、制度保障，实施农民思想道德提升工程，加强农村思想文化阵地建设，倡导诚信道德规范，构建道德建设长效机制，为乡村振兴提供思想保障。

第一，以道德建设为重点，提升农民文明素质。深入挖掘传统道德教育资源，推进社会公德、家庭美德建设，持续提高乡村社会道德水平。加强农村社会诚信建设，健全征信系统，完善守信激励和失信惩戒机制，强化农民的责任意识、规则意识和集体意识、主人翁意识。持续开展寻找最美乡贤、乡村教师、医生、村官等选树活动，推广道德评议，建立道德激励约束机制，用民间舆论、群众评价的力量褒扬社会新风、批评不良现象，引导农民自我管理、自我教育、自我提高。培育新乡贤文化，以乡情为纽带，以优秀基层干部、道德模范、身边好人的嘉言懿行为示范引导，涵育文明乡风。

第二，以文明创建为载体，提高农村社会文明程度。以《文明村镇测评体系》为导向，以文明村镇、美丽乡村、文明家园等创建活动为抓手，深入推进文明创建、文化惠民、道德典型、移风易俗等示范工程，持续深化文明家庭、星级文明户创建活动。继续组织开展农民道德模范、好公婆、好媳妇等选树活动，大力弘扬尊老爱幼、邻里和睦、勤劳致富、扶贫济困的文明风尚，引导农民向上向善、孝老爱亲、重义守信、勤俭持家。加强科技、卫生知识教育，利用基层党校、农民夜校等资源，鼓励支持企业、合作社组织等参与对农民开展技能培训，提升农民的科技文化素质和职业技能水平。

第三，充分发挥"一约四会"[1]作用，促进乡村移风易俗。规范村规民约的制定和修改工作，促使其更加契合现代法治理念，更好地规范和约束村民行为。完善村民议事会、道德评议会、红白理事会等村民自治组织，遏制人情攀比等陈规陋习，使乡村德治建设有人管事、有章理事。规范农村党员和公职人员组织参与红白喜事的标准和报告制度，引导党员干部带头执行移风易俗规定，带头抵制各种不良风气，以党风政风的扭转带动乡风民风的改善。

第四，以文化建设为抓手，丰富农民精神文化生活。继续抓好基层综合文化站、农家书屋等阵地建设，提高公共文化服务均等化水平。深入挖掘农村乡土、历史、人文资源，组织开展具有鲜明地方特色、群众喜闻乐见的文体活动。大力培育、扶持农村文化团体和文艺骨干，加强培训指导，打造农民身边的文明宣传队和道德宣讲队。创新宣传内容和活动载体，通过送戏下乡、文艺演出、远程教育等形式开展社会主义核心价值观和优秀传统文化的宣传教育，引导农民树立科学思想，养成文明习惯，追求健康生活，营造崭新风尚。

---

[1] "一约四会"是指村规民约和屋场会、互助会、理事会、履约评议会。

3. 培育新乡贤参与乡村治理

新乡贤作为参与乡村治理的嵌入力量，利用其独特的地缘优势及宗族关系，在国家行政权力下接至乡村自治的中间地带，有效发挥增强社会结构弹性、减少国家与社会间摩擦的作用，对于重塑乡村道德风尚、实现乡村良性治理具有重要的实践意义。要深入挖掘地方传统乡贤文化，搭建新乡贤参与乡村治理的载体平台，积极吸引新乡贤参与乡村治理，构建乡贤参与乡村治理的机制，为新乡贤发挥作用提供平台支撑。

第一，着力建立健全新乡贤参与乡村治理的吸纳激励机制。各乡村都应认识到，对上级选派的"第一书记"和驻村工作队固然要笑脸相迎，各类社会贤达和成功人士同样需要受到重视。这些新乡贤既能为乡村振兴出谋划策、聚集资源、躬行实践，又能以良好的道德品行垂范乡邻、传播文明、改良乡村风气。要制定相应的政策措施，建立和完善包括医疗卫生保障、精神荣誉鼓励等在内的新乡贤吸纳机制，鼓励离退休老干部、大学教授、工程技术人员和工商界人士告老还乡发挥余热，参与乡村治理，创造条件、提供保障、给予便利，解除其后顾之忧。

第二，着力构筑和建立新乡贤发挥作用的平台和机制。以乡土乡情乡愁为纽带，以强农富民美村为目标，充分挖掘地方丰厚的乡贤文化资源，创新乡贤文化，积极为新乡贤返乡参与乡村治理营造良好社会氛围。在有条件的乡村，可组建"乡贤理事会""乡贤议事会"一类乡贤组织，并依法进行规范，提高其组织化程度，放大乡贤资源效应。进一步畅通乡贤参政议政、建言献策渠道，鼓励他们多做深入调查研究，多献务实为民之策，激发其内在活力。

第三，着力健全新乡贤参与乡村治理绩效评价机制。注重挖掘乡村熟人社会的道德规范，并结合时代要求进行创新，建立基层党委政府、村"两委"和农民群众共同参与的权重评价机制，以有品德、有能力、有学识、有热情作为新乡贤的认定标准，以办事是否公道、是否依法办事、能否把事情办成、在村民中是否有威信、在乡里是否有公信力等作为新乡贤的评价标准，把好入口关，用好用活考核机制，确保新乡贤队伍的群众性、公正性和公信力。

（四）提升村民自治效果

伴随基层民主建设体系的建设日益完善，村民自治在其中发挥着重要的作用，它制约着乡村治理的效果。只有村民自治能力不断提升，乡村治理才会迈向更高的发展阶段。不断优化乡村治理的效果，让村民拥有更强的自治能力，能够为乡村振兴注入强有力的支撑，也能够激发促进乡村发展的新动能。

1. 全面推进村级民主选举，把干部的选任权交给村民

民主选举，就是按照宪法、村委会组织法、实施村委会组织法办法和村委会选举办法等法律法规，由村民选举或罢免村委会干部。村委会由主任、副主任和委员三至七人组成，每届任期 3 年，届满应及时进行换届选举。选举实行公平、公正、公开的原则，把"思想好、作风正、有文化、有本领、真心愿意为群众办事的人"选进村委会班子。也就是说，选出一个群众信赖、能够带领群众致富的村委会领导班子。

村委会是村民进行自治的主要组织，村委会依靠村规民约实现管理的目的，依照法律进行治理，依照法律实现高质量管理。

首先，要依照法律的细则建章立制。一个社会如果没有法律的约束，就无法正常有序地运转。对于那些与宪法等法律精神相互违背的村规民约，要及时进行修订，确保村民有法可循。

其次，要不断促进村务公开。村民自治工作中最关键的一点就是村务公开，它是村民十分关注的重点问题。一是要保证公开内容简单明了、重点突出、真实准确；二是确保公开的程序要科学，规定一个地点，确保较高的效率，运用灵活的方式；三是选择合适的时间进行公开，及时公开村务，特殊情况要随时公开。

2. 提高村民政治参与意识与能力

要想保证村民自治的质量，需要村民有较高的综合素养，而要想确保村民拥有较高的文化素养，需要持续提升教育的质量。只有以高质量的村民教育为保障，村民才能够以更大的热情参与到自治的过程之中。一方面，要促进农村教育水平的提升，让村民自治有了更强大的主体支撑，它的影响是长远的。要引导村民真正意识到自身是民主治理的主体，以较强的公民意识参与到自治的过程之中。同时，要引导村民不断培育自身的参与意识，形成相应的精神品格；另一方面，还要对村干部进行定期培训，对传统的任用方式进行一定的革新。村干部要不断创新自身的领导方法，拓宽工作渠道，让群众能够真正体验到他们在自治过程中发挥的重要性，进而积极参与其中，将其创造性充分释放出来，实现更高质量的管理，为新农村建设添砖加瓦。

3. 村民自治组织要正确处理三个关系

一是和乡镇政府的关系。村委会的工作需要乡镇政府发挥其指导作用，同时，要保证指导工作落到实处。对于乡镇政府而言，要全面履行好自身的指导职责，村委会要结合当地的发展特色接受建议。同时，村委会要积极争取被指导的机会，将镇政府的各项指导建议上传下达好，确保自身有较强的执行力。

二是和村支部的关系。村委会在支部的领导下有序开展工作。对于村支部来说，要确保村民在进行自治的过程中，能够严格按照相应的章程进行权利的行使。村支部要将其对于村委会的领导作用发挥好，村委会要严格执行请示制度，要明确"两委"各自的权力范围，不断推进约束体系的完善与建立，真正实现二者的相互配合，凝聚强大的合力。

三是和"两会"❶的关系，村委会和"两会"之间是被监督与监督的关系。在充分考虑村民整体利益的基础上，"两会"针对各个事项作出最终的决定，对村委会的工作给予指导与监督。针对两会作出的决策，村委会需要严格组织落实，将工作的情况及时上报，并接受来自两会的监督。

4. 从战略高度重视农村文化教育事业

从长远角度而言，村民自治需要以文化教育为根本。在进行自治的过程中要充分意识到这一点。在对村民自治的效果进行评判的过程中，不仅要将文化建设情况作为评价的一个重要参考，还要将其作为一种个体的价值选择，使其成为人们内心的遵循。大多数发达国家都对文化教育十分重视，在经济发展较好的国家，劳动力的文化水平也比较高。例如，法国的农民也有一定的准入门槛，需要先通过三年学习才有成为农民的资格；荷兰、丹麦的农民只有经过相应的培训才能取得农民证书，然后才可以自主进行农场经营。所以，这些国家的青年农场主培训工作也做得相对较好。在日本，从事农业工作的行政工作者都必须接受过大学教育。从上述案例可以知道，农场要想实现现代化高质量发展，农民需要有较高的文化素养，这是十分关键的一点。文化教育的内容是十分广博的，除了文化知识教育外，还包括各种技能培训、道德教育等，从中我们能够充分看出其人文性的一面。此外，高质量的文化教育需要以相应的制度为保障，要建立健全奖惩机制，推动文化基础设施的健全发展，它们对村民自治的推动作用是十分明显的。

---

❶ 两会是对自1959年以来历年召开的中华人民共和国全国人民代表大会和中国人民政治协商会议的统称。

中国农村对于村民自治的实践经验十分丰富，这使社会主义民主的进程向前推进了一大步，同时，也使自治制度的建设更加健全。村民自治充分体现出在党的领导下，我国广大的农民群众在民主发展进程中的不懈探索，它充分彰显出社会主义民主获得了新的更大的发展空间。在党的领导下，村民自治的形式不断丰富，这也是时代发展所提出的新的要求，将会直接影响未来农村文明建设进程。

第六章　中国式现代化视域下乡村振兴战略的发展方向

第一节　乡村振兴战略面临的突出挑战与关键议题

一、中国乡村振兴战略的突出挑战

从实践层面来看，我们可以一定程度借鉴发达国家推动乡村振兴的具体做法和成熟实践经验，但必须深刻体认中国乡村振兴战略与中国式现代化道路的"自性"。具体来说，一些突出的挑战需要得到充分的评价和理解：

第一，近年来，中国经济运行进入新常态。追求更加高质量的经济体系和经济增长模式，特别是在审慎研判国内外发展条件的基础上，党中央提出了构建双循环发展格局的重大决策部署。这一过程既为乡村振兴带来了重大机遇，如城市要素加速向农村转移、内需潜能特别是高品质产品内需市场巨大等，也给乡村振兴带来了新的挑战，如劳动密集型就业岗位随着产业跨境转移而总量逐渐下降、乡村发展和治理基础仍较为薄弱、农业供给侧结构性改革任务艰巨等。

第二，未来30年是中国人口结构转型的时期。根据第七次全国人口普查结果，中国60岁以上老年人口占比已超过18.70%，65岁以上老年人口占比达到13.50%。虽然目前没有公布确切的分省份农村老龄人口占比数据，但根据通常经验判断，农村老龄人口占比将远超上述比重，并且未来老龄化、高龄化加速的趋势还将持续。此外，还有规模不小的留守儿童，特别是低龄留守儿童。这些人口结构的变化，直接投射到乡村振兴的人力基础建设需求和社会服务需要。

第三，未来30年是城乡构造深刻调整的阶段。未来一个时期，人口在城乡之间的流动仍将持续，城镇化率将稳步提升。如何避免因城乡空间构造极化衍生出的城市过密与乡村过疏并存的问题，是高质量推进中国特色社会主义现代化国家建设在城乡关系治理方面必须高度重视和有效应对的问题。

第四，发展约束的凸显期。中国人口基数大、人均资源占有量少是基本国情，特别是经历了数十年的经济高速增长之后，国土、水资源、能源、生态环境等约束性因素逐渐凸显。可以说，乡村振兴必须坚持新发展理念，走绿色发展、共享发展的路径，在保护和涵养各类资源的同时，使其更好地服务于中华民族伟大复兴事业。

换言之，高质量推进乡村振兴战略，是中国特色社会主义现代化国家建设必须处理好的问题，是发展最大的潜力空间。在"多期叠加"的背景下，有效应对上述挑战需要坚持新发展理念，通过持续不断地拼搏创新，解决好现代化建设过程中的要素支撑问题、人的需要满足问题等。因而，乡村振兴的实践模式，必然要以契合发展阶段特点和发展实际、契合人民需要、契合现代化国家建设需要为根本尺度。

此外，还应注意到，中国广土众民，乡村振兴不可能均质化同步推进。从全国范围来看，各地乡村振兴的基础和约束存在明显差异。对于"三区三州""革命老区""衰退地区"（如要素过快流出地区）等重点区域来说，乡村振兴面临着更加繁重和艰巨的任务，其目标设定、路径选择诸方面也具有自身的特殊性。

细言之，"三区三州"是脱贫攻坚的重点和难点地区，经过深度贫困地区攻坚战，发展基础和发展面貌有了明显改变，但整体来说经济社会发展还是相对滞后，在乡村振兴过程中需要重点帮扶。"革命老区"往往地处跨省交接地带，发展基础薄弱，振兴压力大。"衰退地区"的主要问题则在于各类要素快速流出，地方产业空心化、人口老龄化等多重衰退问题同时发生，地方财政民生服务支出需求大，但造血能力严重不足。同时，"三区三州""革命老区"在中国发展版图、生态版图、政治版图中占据着举足轻重的位置，解决好这些地区的振兴和发展问题，具有多重意义。可以说，发展的不平衡不充分问题在上述区域体现得最为集中和明显，乡村振兴过程中最大的难点也在上述区域。

二、推进乡村振兴战略的关键议题

乡村振兴的广度、深度、难度都不亚于脱贫攻坚，面临着多个层面的难点问题，解决好这些突出难点，是高质量推进乡村振兴的重点任务。

首先，"十四五"期间是巩固拓展脱贫攻坚成果同乡村振兴战略有效衔接的关键时期，在此阶段重点是巩固、难点是拓展和衔接。

其次，要探索建立城乡融合发展的体制机制和政策体系，实现城乡一体规划、统筹布局，促进城乡之间要素合理平等流动，促进城乡良性互动，共同繁荣。

再次，要探索建立"共富发展"的实现形式，明确共同富裕的核心目标与关键指标，实现效率与公平、共享的统一。

最后，要着力完善乡村发展治理体系，促进乡村文化繁荣。

（一）构建城乡融合发展的体制机制和政策体系

城乡融合发展的体制机制和政策体系是乡村振兴的重点和难点问题。新型城乡关系，指的是城乡互补共荣的物质和文化系统，与传统的二元框架不同，新型城乡关系注重乡村价值的充分再认识、再发现，在城乡互补、互促的理念和制度框架下，实现城市和乡村的共同繁荣。城乡融合发展，体现在三个层次：

首先是在基础设施与基本公共服务层面，实现人口、经济、地域空间及服务设施合理分布，为城乡融合发展奠定坚实基础，降低城乡融合发展的制度性壁垒和交易成本，促进优质公共服务资源均等化共享。

其次是土地、资本、人才、生态（碳交易）、信息（含数字）等各类要素在城乡之间合理配置、公平流动，为乡村振兴搭建多元化投入平台，为城市可持续发展注入生机与活力，引导工商业资本、金融资本向农业农村领域投入，从而促进农业产业、农村服务体系发展，促进乡村生产体系、产品体系现代化，以高品质农产品、农文化、农品牌，创造高品质生活，实现高品质价值。

最后是城乡之间精神和文化层面的融合。工与农、城与乡的对立，实则是人类精神世界的分裂，须知有入世进取的情怀，也有纵情山水的雅致，才是完整的文明生活。城市与乡村在精神和文化层面的融合，是人类文明的修复，是中华文明的和合境界，蕴含着马克思所言的解放和自由。

（二）积极稳健探索"共富发展"实现机制

共同富裕是中国特色社会主义的本质要求，是中华儿女的共同价值情怀，是大国治理现代化的必然选择，是不同于旧式现代性道路的核心。要充分认识到，共同富裕不仅是意识形态的话语，更是中国共产党领导伟大事业的宏伟目标，是团结和带领中华儿女实现中华民族伟大复兴的必然路径，是超越中等收入陷阱、推进社会主义现代化强国建设的必然选择。如何在 4 亿农民的基础上，在耕地、水资源并不丰富的基础上实现现代化，只能走共同富裕的道路，守住农业农村的经济、政治、社会多重属性，守护乡村的共同体、城乡的共同体、中华民族共同体的性质。还要看到，共富发展是马克思主义产权理论的中国实践，不同于资本主义产权学说，共富发展是社会主义市场经济的突出特点，有利于应对众多资本主义产权、市场经济实践难以解决的问题，克服高昂的交易成本，实现"因治而合而富"。同时，共同富裕的马克思主义产权理论，也是守护社会正义、生态可持续发展的基础。

（三）完善乡村治理体系，推动乡村文化繁荣

未来 30 年，乡村社会将迎来经济社会文化多层面的深刻变化，高效的服务体系、完善的治理体系、积极向上的文化，是回应乡村变迁所衍生的需要，也是中国特色社会主义文化的乡村实践。其中需要着力增强县域、乡镇、村三级服务体系的服务能力，完善政府、市场、社会共同参与的服务和治理体系，尤其是对于偏远、衰退地区，要着力加强社会需求的识别和回应。

对于快速城镇化的乡村转制社区、快速产业化的乡村社区，要着力解决好富起来过程中的问题和富起来以后的问题，以规则建立良序，以文化涵养人心。最后，促进高雅、闲适的乡村文化，为现代人精神解放和圆满提供资源。

第二节　中国式现代化视域下的农民现代化推进

中国共产党领导的现代化建设是在农村人口占绝大多数的农业大国中进行的。在中国共产党成立一百周年之际，中国社会全面实现小康，中国人民解决了持续贫困问题，创造了减贫治理的中国样本，为全球减贫事业作出了巨大贡献。党的二十大报告对"中国式现代化"的科学内涵、基本特征和本质要求进行了精辟概括。

随着党的二十大胜利闭幕，中国人民开始谱写全面建设社会主义现代化国家的新篇章。以"中国式现代化"全面推进中华民族伟大复兴，实现

第二个百年奋斗目标，必须认真思考"农民现代化"这一基本问题。本研究详细分析了农民现代化与实现中国式现代化的关系，通过深入分析二者之间的关系，以期为中国式现代化的实现研究提供参考。

一、农民现代化是实现农业农村现代化的重要保障

农民现代化既是中国实现特色社会主义现代化的必由之路，又是难以突破的瓶颈。农民是中国最古老的社会阶层，农民现代化是实现中华民族伟大复兴的重点和难点。要实现第二个百年奋斗目标，建设中国特色社会主义现代化强国，就必须认真思考农民的现代化问题。

在现代化进程中，农业将会呈现两个层面的此消彼长。从经济结构层面来看，农业产业与非农产业此消彼长。在工业化和城市化的推动下，农业生产力明显提高，农业增加值不断增大，但在生产总值中，农业占比不断减少。同时，非农产业快速增长，逐渐成为国民经济的支柱产业。从产业内部来看，传统农业与现代农业此消彼长。在工业化、市场化和科技革命的推动下，传统农业逐渐演变成现代农业。传统农业的产值和占比不断缩小，现代农业的产值和占比不断增大，成为国民经济的重要组成部分。

农业现代化是中国式现代化的薄弱环节。现代化是农业发展的根本出路。农民是农业经济和农村社会发展的主体。农民现代化是实现农业农村现代化的根本途径。只有农民具备了现代化的科学文化和思想观念，才能为农业和农村现代化提供有力保障。

第一，农业农村现代化要求农民具备现代化的思维方式和思想观念。传统中国社会根植于农耕文化，有耕读传家、父慈子孝、勤俭节约、持恒修心的家风家训，也有德业相劝、过失相规、礼俗相交、患难相恤的乡规民约，承载着中华文明生生不息的基因密码。同时也应该看到，特别是在一些贫穷落后地区的农村，狭隘的小农意识和因循守旧的思维模式仍然阻碍着农村经济的发展和社会变革。要实现农业和农村现代化，必须从根本上转变农民的思维方式和价值观念，用现代市场经济理念和科学文化素质引导农民不断适应中国式现代化建设的需要。

第二，农业农村现代化要求农民使用现代化的生产方式。农业农村现代化的目标是农业由传统的自然经济农业转变为高度发达的市场化、专业化、社会化农业，大幅提高农业产量与农产品质量。这就要求必须走科技

兴农的发展道路，提高农业物质装备水平，用现代科技改造农业，用现代经营管理推动农业发展。

第三，农业农村现代化要求农民适应现代化的生活方式。随着城乡发展一体化的深入推进，不仅加快了农民进城务工就业的步伐，也带来了农民生活方式的深刻变革。一方面，农民收入逐步增加，乡村的家庭模式由过去的大家族变为小家庭，个体走向开放、自主与独立；另一方面，随着移动互联网和智能手机的普及，电子商务和现代物流体系不断完善，城市的价值观念和生活方式深刻影响着农民的选择，一些农村甚至出现了天价彩礼、"因婚致贫"的现象。只有树立勤俭节约的文明乡风，丰富农民的精神文化生活，约束村民的攀比炫富、铺张浪费行为，抵制天价彩礼、婚丧大操大办等不良风气，才能让历史悠久的农耕文明在新时代焕发出新的魅力。

农民是农业和农村现代化建设的主力军，也是农业科技成果在农村转化为生产力的重要载体。然而，中国农民的文化程度普遍较低，大多为初中及以下学历，接受新技术和新知识的能力不高。未来，要在从事农业生产经营活动中的新生代农民、主动回流农民工、涉农专业大学生等群体培养有文化、懂技术、善经营、会管理的新型职业农民，提高农民的整体素质，这是农业和农村现代化的必然要求，也是增加农民收入的重要途径。

二、农民现代化的核心是实现"人的现代化"

现代化对农民提出两方面的基本要求。一方面，要"让农民不再当农民"。农民离开田间地头走进工厂车间，离开土地进城就业，为工业化提供劳动力，为城市化提供人口资源，同时可缓解农村人多地少的矛盾，提高农业生产力，增加农民经济收入，合理配置人力资源。另一方面，要"让农民当好农民"。传统农业主要靠天吃饭，对农民的素质要求不高。现代农业是科技农业，固然需要从业者的力气和经验，更需要从业者的科学文化知识、专业技术与经营管理水平，"互联网+农业"要求对农民进行"技术赋能"，对农民进行电子商务、网络技术、直播带货等方面的教育和培训。这两个方面的基本要求相互影响，统一于农业农村现代化的建设实践。

从"让农民不再当农民"的中国实践来看，农民离开农村进入城市务工，就成为农民工。农民工为中国改革开放和城市化、工业化作出了巨大贡献。但是，农民工和城市化缺乏协同发展，更谈不上精准施策，农民工群体仍面对农民身份和城市公民待遇的巨大差异。农民工离开乡土之后形成家庭、村庄和社会真空，党员农民工无法参加组织活动，"无法融入城市""也回不去乡村"成为农民工群体的现实困境，难以承担教育孩子和赡养老人的家庭责任，造成社会不稳定因素增加。必须将农民工的市民化作为重要问题进行协同治理，以解决当前的社会难题。走中国特色的新型城镇化道路，推进以人为核心的城镇化，必须把促进有能力在城镇稳定就业和生活的常住人口有序实现市民化作为首要任务。也就是说，新型城镇化建设的首要工作是实现进城务工农民的市民化，让有能力的农民工在城市安家落户，实现从农民到市民的身份转变，让农民工共享改革开放的发展成果，最终融入城市社会。

从"让农民当好农民"的实践来看，就是积极培育新型农业经营主体，培养造就新型职业农民队伍。

第一，积极培育新型农业经营主体，实现农业适度规模化发展。新型农业经营主体是发展农村经济、实现农业现代化、促进农民增收的主力军。要发展多种形式农业适度规模经营，鼓励发展专业大户、家庭农场、农民合作社、农业龙头企业等新型农业经营主体，支持小农户和现代农业发展有机衔接，培育一大批质量上乘、科技含量高、市场容量大的特色农产品品牌，提高农业经营效率和效益。

第二，破除农民身份，培育适应现代农业发展要求的新型职业农民。新型职业农民具有较高的综合素质、体面的经济收入、平等的社会地位。培养新型职业农民，需要培育一大批种田能手、农机作业能手、农业营销人才、农业经营人才、科技带头人等现代农业人才。这意味着要打破原有的城乡二元分割的户籍制度，让"农民"成为一种可以自由选择的职业，而不再是一种社会身份。

在全面建设社会主义现代化国家的过程中，应该在农业经济发展、农村基层治理和制度创新的基础上，深刻把握"农业现代化的本质是人的现代化，即农民素质的现代化"，通过各种教育和培训更新农民的思想观念，培养掌握现代农业生产技术、农业经营管理知识、受到社会广泛认可的新型职业农民。

总之，人的现代化是国家现代化必不可少的因素。它并不是现代化过程结束后的副产品，而是现代化制度与经济赖以长期发展并取得成功的先决条件。中国农民的现代化已经走过了百余年历程，取得了令世人瞩目的伟大成就。在实现第二个百年奋斗目标的新征程中，"三农"问题依然是中国必须攻克的重点议题。农民是实现乡村振兴的主体。农民的现代化能够促进农业和农村的现代化，农民出现问题也会限制和延缓农业和农村的发展。因此，必须下大力气提高农民的现代化程度，以农民的现代化推进农业和农村的现代化。通过多种途径探索乡村人才培养模式，培养新型职业农民，为实现农业农村现代化提供人才保障。

第三节 中国式现代化视域下的乡村农业发展探微

农业现代化是中国式现代化的重要构成。我国的农业现代化既体现了世界农业现代化的共性特征，更是在人多地少的资源禀赋条件下走出了一条中国式现代化道路下的农业发展路径，在保障国家粮食安全、消除绝对贫困和增进农村居民福利等方面取得了重要成就。

同时也要注意到，我国的现代化进程是一个"并联式"发展过程，工业化、城镇化、信息化和农业现代化是叠加发展的。总结中国式现代化道路下的农业发展路径，亦即中国式的农业现代化道路，具有重要的理论和现实意义。

一、中国式现代化道路下农业发展路径的两个逻辑

（一）中国式现代化道路下农业发展路径的历史逻辑

中国共产党自成立开始，就高度重视农业农村发展，逐渐形成和深化走中国式农业现代化道路的认知，一以贯之地推动实现农业现代化。

新民主主义革命期间，党在根据地推动农业发展，对实现农业现代化进行局部探索，形成了平均地权、合作经济和公营农业三大基础性的农业制度，为中华人民共和国成立后推进中国式现代化道路下的农业发展作出了有益尝试。

社会主义革命和建设时期，为快速实现经济增长和工业化，党领导人民通过农业合作化和集体化对传统农业进行改造，建立起农地集体所有制和人民公社管理体制。在农业集体化进程之外，1961年党中央指出，农业

现代化的内涵是"机械化、水利化、化肥化、电气化"。在此指导下，这一时期我国农业机械化、农田水利建设、化肥施用都取得了很大进展，既为国家基本实现工业化作出了巨大贡献，也为后续推进中国式农业现代化奠定了物质技术基础。

党的十一届三中全会以后，党的工作重心转移到经济建设上，发轫于农村实践的家庭联产承包责任制得到中央认可并在全国推行，农户家庭重新成为生产经营的基本单位。党的十一届四中全会强调"走出一条适合我国国情的农业现代化的道路"，中央提出了"中国式的四个现代化"。此时我国的农业现代化道路已呈现出明显的"中国式"特征，农业现代化的内涵进一步拓展到农业科技应用和农业经营体制方面。自2003年开始，中央逐步取消各种农业税费，并实施农业补贴政策，推动了农民增收，粮食生产实现了"十八年连丰"。

进入新时代，以习近平同志为核心的党中央提出加快推进农业农村现代化、实施乡村振兴战略、建设农业强国，使中国式农业现代化的内涵不断深化和拓展。从机械化、水利化、化肥化、电气化，到科学化、集约化、商品化、社会化、产业化，再到规模化、精准化、立体化、绿色化、信息化、多功能化等，表明中华人民共和国成立后的七十余年间，党领导人民立足我国国情，基于经济社会发展的实际，走出了一条中国式的农业现代化道路。

（二）中国式现代化道路下农业发展路径的现实逻辑

农业现代化的道路并非只有一条，世界各国的历史、文化、社会、经济、资源禀赋等条件有明显差异，应立足于本国国情，探索符合自身实际的农业现代化道路。一方面，我国的农业现代化是世界农业现代化的组成部分，我国的农业发展路径会表现出世界农业发展的一些共性特征，如农业产值份额和农业劳动力份额持续下降，即"农业小部门化"。另一方面，考虑到我国"人多地少水缺"的资源禀赋条件及政治、经济、社会等国情，我国的农业发展路径与其他主要发展中国家及转型国家相比，呈现出自身的独特性。

我国人均耕地资源最为紧张，但农业灌溉条件和化肥化相对最好。我国农业劳动力份额占到50%，导致我国农业劳动相对收入（农业产值份额占农业劳动力份额的比重）水平较低。换言之，我国的劳动力生产率和土地生产率均有较大提升的空间。

随着经济社会的发展，2020 年我国人均耕地资源虽更为紧张，但灌溉条件进一步改善，每公顷化肥施用量继续提高，劳均固定资本形成额持续增加；劳动生产率和土地生产率也有大幅提升，前者与最高国家的差距有所缩小，后者相比印度、印度尼西亚的差距也有所缩小；但农业劳动相对收入仍处于低位，相比其他国家反而有所恶化，意味着我国农业产值份额下降的速度远快于农业劳动力份额下降的速度。此外，我国自 2004 年转为农产品净进口国，到 2020 年谷物净进口 3.20%，以此估算的粮食自给率略有下降，但也实现了谷物基本自给的国家粮食安全战略目标。特别地，我国在 2020 年消除了绝对贫困，这相比其他六国是巨大的成就，因为此时墨西哥和尼日利亚的农村贫困率仍达 40%以上。

因此，从现实国情来看，我国相比其他主要发展中国家和转型国家，走出了一条具有自身特色的农业现代化道路。在党的坚强领导下，我国继承了"独立自主、自力更生""走中国自己的道路，建设有中国特色的社会主义"的光荣传统，立足于我国农业农村发展实际，探索出一条中国式现代化道路下的农业发展路径。

二、中国式现代化道路下农业发展的基本路径

学界对我国农业现代化道路探索及其经验的研究积累了丰硕成果，为本研究提供了有益参考。现有研究主要从党对中国式农业现代化的百年探索历程及其理论内涵、中国特色农业现代化的内涵演进及其特征、我国农业现代化理论政策与实践的历史演变等多个角度进行了总结，但以中国式现代化道路的理论内涵为指导，系统分析我国农业发展路径的研究还相对比较缺乏。

本文基于中国式现代化道路的理论内涵，围绕创新、协调、绿色、开放和共享的新发展理念构建分析框架，梳理改革开放以来我国农业发展在前述五个方面的具体实践及取得的重要成就，以更为全面地总结中国式现代化道路下农业发展的基本特征和经验，为推动建设农业强国提供政策参考。

（一）从简单模仿到多维创新：认识深化、制度创新与技术进步驱动

1. 党对中国式农业现代化道路理论内涵的认识逐步深化

新民主主义革命时期、社会主义革命和建设前期，我国设计了一套以

人民公社管理体制、户籍制度、农产品统购统销政策为核心的,有利于集中农业剩余为国家实现工业化提供资本原始积累的计划配置与管理办法,农业集体化是社会主义革命和建设时期农业发展的重要制度特征。在此背景下,农业现代化的主要内容是实现机械化、水利化、化肥化和电气化,其中又以机械化为根本出路。

改革开放和社会主义现代化建设新时期,在"中国式的四个现代化"以及"两个飞跃"的著名论断提出后,中国式农业现代化的内涵进一步拓展,农业商品化、市场化、标准化、社会化、专业化、科学化等"多化并举"的中国特色农业现代化道路得以探索。

党的十三届四中全会以后,党高度重视科技进步和提升劳动者素质,强调推动农业集约化、产业化、科学化发展。党的十六大以后,党根据经济社会发展阶段的变化,作出"两个趋向"重要论断,强调通过以工促农、以城带乡加快农业现代化进程,提升农业标准化、规模化、绿色化、信息化水平。

党的十八大以后,农业现代化的内涵得到进一步拓宽,党提出实施乡村振兴战略和建设农业强国,既要推动农业的规模化、设施化、精准化、立体化、生态化、多功能化发展,也要增加农村居民收入和提高其生活质量,进一步丰富了中国式农业现代化道路的理论内涵。

2. 农村要素流动的制度与体制机制创新

随着党对探索中国式现代化道路下农业发展路径的认识深化,政府政策从土地、农产品流通、劳动非农转移、资本流动等多个方面进行了制度与体制机制的创新,推动我国农业现代化发展。

农村土地制度方面,改革开放以来,我国农地集体所有制由"集体所有集体经营"向"集体所有家庭承包"调整,由家庭承包制实施之初的"两权分离"转变为当前的农地产权"三权分置"。在坚持农地集体所有的前提下,我国农地产权制度变迁呈现出赋予承包农户更充分、更长期限、更有保障的土地权利的特征;面对承包农户进行"赋权",通常被视为促进农业生产经营的重要影响因素,增加了农业产出和提高了农民收入。农产品流通体制方面,在党的十一届三中全会后,政府在家庭承包制框架内对农村要素市场化流动进一步变革,调整农产品统购统销政策,提高购销价格并减少统购统销的品种和数量,1985年全面启动农产品流通体制改革,1998年进一步从改革购销方式转向构造市场体系,2004年启动新一轮粮改,实现了全部农产品的市场化调节,有力地推动了农产品的市场化与价值实现。劳动力非农转移方面，改革开放后，政府政策实现了由户籍制度下的严格管控，逐步向放松限制，再到保障、鼓励和推动的转变。

引导本地非农就业、促进转移农民工的市民化等措施，一方面带来农村要素重组与促进农业技术进步，另一方面为工业化和城镇化提供了劳动力，促进了产业结构优化与城市经济增长。农村资本流动方面，国家集中农业剩余以支持工业化和城市发展的倾向在改革开放后逐渐得到了修正，但农村资金、资本仍通过财政税收、信贷金融、工农产品剪刀差等渠道持续流向城市，农村地区资本匮乏问题日益突出。随着党和国家"工业反哺农业、城市支持乡村"论断和"多予、少取、放活"方针的提出，2006年全面取消农业税，国家财政对"三农"相关投入持续增加，政策性银行和新型农村金融机构进入，拓宽了各类资金流向农村的渠道。加之城市资本在农业生产风险降低和产业利润提高、政策环境宽松等因素作用下进入乡村和农业，城乡资本流动的合理性趋强，城乡资本边际收益率出现趋近态势。

3. 农业科技的研发、推广与创新应用

技术进步是提高农业生产力、促进传统农业向现代农业转型的重要动力源泉。改革开放后，随着我国农业科技体制的改革，农业科技研发和推广得到了迅速发展，加之农民对新品种、新技术的高效采纳，农业生产得到极大的提高。

随着我国农业科技体制改革的深化，亦即农业科技创新体系初具规模、资金来源渠道多元化、资源配置效率提升、创新产出水平不断提高、推广体系多点覆盖卓有成效，农业科技的研发、推广和创新应用进一步得到发展，农业机械技术、生物化学技术等呈现出"复合型"发展的态势，即在人均耕地资源趋紧和农村劳动力持续转移的背景下"节约土地"和"节约劳动"，进一步带来农业提质增效和农民增收。

（二）从粗放型增长到绿色发展：农业多功能性与可持续发展理念凸显

社会主义革命和建设时期，我国经济社会发展的主要目标是建立完备独立的国民经济体系，对于生态环境保护的重视并不足够，尽管制定了一些生态环境政策，如禁止毁林开荒，但由于经济社会发展的限制、缺乏系统的生态理论指导等因素的影响，这一时期我国农业绿色发展的成效并不乐观，总体上呈现出一种粗放型增长的特征。

改革开放后，随着可持续发展理念的传播及生态农业观念的提出，我国的农业绿色发展经历了有绿色发展初步意识的萌芽阶段（1978—1999 年）、绿色发展形式多样的发展阶段（2000—2015 年），以及农业绿色发展成为生态文明建设全局重点的战略提升和推广阶段（2016 年以来），并与党中央的"双碳"目标相融合衔接，农业绿色发展成为促进农业高质量发展、推动生态文明建设的重要手段。2010 年以来，绿色发展在农业生产过程的节约化和清洁化、农产品的绿色化和优质化、绿色农业驱动农业农村多功能发展三个方面取得了重要成效，农业多功能性凸显，有力地推动了农业农村可持续发展。

（三）从封闭半封闭到全方位开放发展：农业对外开放水平持续提高

农业对外开放广义上包括农产品贸易、"引进来"和"走出去"。中华人民共和国成立后我国农业对外开放经历了从封闭半封闭（有限的农业出口创汇和对外援助），到作出改革开放伟大决策、逐渐提升农业对外开放水平，再到 2001 年正式加入 WTO，充分利用国际国内两个市场、两种资源，不断拓展对外开放的广度和深度，形成全方位、高水平对外开放格局的重要转变，农业对外开放水平持续提高。

在农产品贸易方面，贸易规模不断增大，贸易结构持续优化。2020 年我国农产品平均关税约为世界平均水平的 1/4，非关税壁垒减少，农业市场化国际化水平持续提升。在农业"引进来"方面，引资引技引智多维发展，成效显著。

（四）从单维增长到全面共享发展：人的全面发展、组织化与农村转型

农业现代化必然与农村居民的现代化以及农村现代化相互交织。中国共产党成立以后，始终把"依靠人民、为了人民"作为自己的初心，为实现社会主义、共产主义和人的自由全面发展而不懈努力奋斗。随着党对中国式现代化道路认识的深化，以及我国综合国力的不断增强，我国从注重单维的农村居民收入增长，转向改善其生活条件和提高其生活质量，同步促进物质文明和精神文明发展；从注重单维的农业增产增收，转向促进农业农村的现代化转型，真正做到发展为了人民、发展依靠人民、发展成果由人民共享。

在人的全面发展方面，农村居民的收入和消费水平不断提高，享受的公共服务持续改善，精神生活不断得到丰富，更好地实现了发展成果共享

和人的全面发展。2021年，我国农村居民人均可支配收入相比1949年增长了429.30倍，年均名义增长8.80%；城乡居民收入差距大幅缩小，相比1956年下降了0.83。

在农民组织化方面，农村集体经济组织实力不断壮大，各类农民合作社持续发展，新型经营主体大量涌现，提高了农民的组织化程度，有效地推动了适度规模经营以及小农户与现代农业的有机衔接。截至2021年底，我国已累计培育家庭农场390万个、农民合作社222万家，落实创业补贴、担保贷款等扶持政策，累计吸引1120万人返乡入乡创业创新。

在农村现代化转型方面，农村基础设施不断完善，新型基础设施建设水平不断提高，农村人居、生态环境得到持续改善。农村用电量由1952年的0.50亿千瓦时增加到2020年的9717.20亿千瓦时；全国农村公路总里程由1978年的59.60万公里增加到2021年的446万公里；第三次全国农业普查结果显示，89.90%的村通宽带互联网。此外，农村人居和生态环境明显改善，全国农村卫生厕所普及率超过65%，36.20%的农户使用水冲式卫生厕所；农村生活垃圾收运处置体系已覆盖全国90%以上的村，农村生活污水治理率为25.50%。

三、中国式现代化道路下农业发展的基本特征经验

我国农业现代化的道路探索已呈现出了明显的"中国式"特征，走向全面、多维、系统的高质量发展。取得如此成就，主要源于以下五条基本经验：一是坚持中国共产党的领导，坚持以人民为中心的发展思想；二是将马克思主义经典理论与中国农村实践相结合，实现马克思主义中国化时代化；三是坚守底线思维不动摇，坚持系统思维促发展；四是坚持与时俱进，始终以创新驱动农业高质量发展；五是实现"有为政府+有效市场+有情社会"的协同联动。这些基本特征经验为进一步探索中国式现代化道路下的农业发展路径指明了方向，也可为其他发展中国家的农业现代化道路探索提供有益参考。

（一）始终坚持中国共产党的领导

中国共产党是中国特色社会主义事业的领导核心，自然是我国现代化建设的坚强领导核心。党的领导是中国式现代化道路得以成功开创并持续发展的根基和最大优势，也是农业发展取得巨大成就的重要保证。

（二）在农业农村实现马克思主义中国化

马克思主义中国化在农业农村的生动体现，就是始终坚持农村集体所有制，特别地，坚持农村土地集体所有制不动摇。社会主义革命和建设时期农业的集体化为工业化和城镇化发展提供了重要支撑。改革开放后人民公社管理体制于1983年废除，我国农村地区实行集体所有制，特别地，实行农地集体所有制。考虑到农民发展适度规模经营、增加财产性收入，以及发展壮大集体经济的实践需要，结合我国农业农村发展形势的变化，党和国家在坚持农村集体所有制的前提下，实施了承包地"三权分置"宅基地"三权分置"集体经营性建设用地直接入市等系列改革，推动转移农民市民化，促进城乡要素资源的优化配置，推动了农民增收、农业增效，壮大了农村集体经济，为中国式现代化道路下农业高质量发展作出了重要贡献。

（三）坚持底线思维和系统思维不动摇

底线思维的本质是安全，系统思维的目的是高质量发展。发展是党执政兴国的第一要务，是解决问题的基础和关键；发展应当是全面的发展，既包括经济、政治、文化、社会、生态文明建设"五位一体"，也包括区域、城乡和社会群体间的全面、协调、共享发展，是高质量的发展，可以把"系统思维"理解为党领导人民进行社会主义建设的高限目标。总体国家安全观要求对内求发展、求变革、求稳定，稳定是改革发展的前提，必须坚持改革发展稳定的统一；总体国家安全观也重视非传统安全，经济安全、生态安全、资源安全都是题中之义，可以把"底线思维"理解为党领导人民进行社会主义建设的底线目标。

"底线思维"在农业农村发展过程中的体现，最生动的例子是坚守耕地红线、保障国家粮食安全和不发生规模性返贫，特别地，粮食安全是国家安全的重要基础，是党治国安邦的头等大事，农业农村的现代化转型既要以保障国家粮食安全为底线，也要以更进一步提高国家粮食安全保障水平为重要目标。

（四）始终坚持以创新驱动农业高质量发展

"创新"贯穿于党领导人民进行社会主义建设、探索中国式现代化道路的全过程和多方面，既有指导理论上的创新，即从照搬苏联经验、机械化运用马克思主义，到结合我国具体实际正确运用马克思基本原理来指导进行社会主义建设，实现了马克思主义中国化的理论创新；也有认识和观念上的创新，如党对中国式现代化道路内涵的认知是一个逐渐深化的过程，对绿色发展的内涵也在不断丰富和深化；也有制度、体制机制上的创新，包括农地制度改革、农产品流通体制改革、农村劳动力流动管理机制的完善等，以及新技术、新品种的研发与创新应用等，国家始终把农业科技创新放在促进农业发展的重要位置。

（五）实现"有为政府+有效市场+有情社会"的协同联动

中国特色社会主义市场经济是有为政府与有效市场相结合的经济，政府与市场相伴相生，有效市场离不开有为政府，有为政府必须依靠市场发挥基础性作用。

在中国式现代化道路下的农业发展路径中，"有为政府+有效市场+有情社会"的协同联动对推动农业高质量发展起到重要的促进作用。如农业绿色发展的演变过程中，随着居民收入水平的提升、食物营养升级的需要以及环保意识的增强，消费者对生态环境保护的要求提高，对安全无公害、绿色、生态、有机农产品的需求提升，市场机制随之运作，更多生产者采用更为绿色的生产方式，"有效市场"凸显。如前所述，随着我国经济社会发展条件的变化，综合国力显著增强，党认识到经济发展不能以牺牲生态环境为代价，"绿水青山就是金山银山"，提出生态文明建设的重要布局，推动建立资源节约型和环境友好型社会，"有为政府"发挥作用；社会各界积极参与到生态环境保护当中，如支持和加入社区支持农业（CSA），支持乡村休闲观光旅游、传承农耕文化等，"有情社会"形成生态文明建设力量的有益补充。

第四节 中国式现代化视域下乡村振兴促进共同富裕

党的二十大报告指出：在新中国成立特别是改革开放以来长期探索和实践基础上，经过党的十八大以来在理论和实践上的创新突破，我们党成功推进和拓展了中国式现代化。

党的二十大报告把实现全体人民共同富裕作为中国式现代化的本质要求之一，这就为中国式现代化视域下促进共同富裕取得更为明显的实质性进展提供了重要理论指导。只有把握好中国式现代化的这一本质要求，才能使我国在现代化实践历程中坚持人民群众利益至上，不断增强其幸福感、获得感和安全感。

但是也要看到，实现全体人民共同富裕的中国式现代化，还有很多短板需补齐，如城乡之间发展不平衡不充分问题，尤其是"三农"问题的存在。乡村振兴战略的提出和实施是实现全体人民共同富裕的中国式现代化的重要战略举措。基于此，对标实现全体人民共同富裕的中国式现代化的本质要求和目标，加快推动实施乡村振兴战略，意义重大而深远。

一、乡村振兴、共同富裕与中国式现代化

党的二十大的重要精神为新时代扎实推进乡村振兴实现共同富裕提供了根本遵循和价值取向。乡村振兴与共同富裕是中国式现代化的应有之义。中国式现代化是人口规模巨大的现代化，是全体人民共同富裕的现代化，是物质文明和精神文明相协调的现代化，是人与自然和谐共生的现代化，是走和平发展道路的现代化。对中国式现代化的这一论述，既从全局上把握了中国式现代化的本质，也为实现中国式现代化指明了方向和道路。现代化的共同特征意味着全体人民共同富裕现代化的实现需要乡村振兴予以支撑，发展不平衡不充分的中国国情更是表明乡村振兴是全体人民共同富裕现代化的内在要求。

（一）乡村振兴彰显了中国式现代化具有各国现代化的共同特征

中国式现代化具有各国现代化的共同特征。实现现代化中的"赶超"意蕴，需要激发农村的巨大经济潜力。从含义上看，现代化是一个地区或国家社会经济全面进步的标志，实现现代化的实质，就是发展中国家赶超发达国家的过程。当然，一种普遍的认识是，现代化的核心过程是工业化，这意味着现代化的实质是工业化驱动现代社会变迁的过程。回顾中国走向现代化的历史探索，从建国初期到改革开放，"工业化"的发展要求一直没变，但"农业现代化"的目标也一直与之相伴相生。

可见，工业与农业的协同发展关系，是中国在赶超过程中的必经之路。当前，尽管我国已步入工业化后期，但农村在基础设施建设、公共服务体系、要素流通机制方面的发展仍相对滞后，成为我国在缩短与发达国家差距、实现赶超进程中的短板与弱项，核心问题表现在农村地区萎靡的需求水平和低质量的供给能力。

从需求层面看，我国拥有全世界最多的农业人口，客观上这是一个巨大的需求市场。结合我国经济发展实际，扩大内需在理论上是构建"以国

内大循环为主体，国内国际双循环相互促进"的新发展格局的战略基点。然而，受传统观念、流通体系等主客观因素的限制，农村庞大的内需市场并没有完全形成或如想象般发挥作用，如消费结构单一，相较于城市居民消费结构中服务性消费占比近半，农村消费仍以必需品为主；消费支撑体系不完善，农村地区流通体系不够完善，物流成本高，制约了消费潜能释放；消费主体非理性，许多农村居民仍沿袭着固有的生存和消费方式，人情消费泛滥，不仅不利于农村消费市场的健康发展，也不利于农村消费"提质升级"。

从供给层面看，按照新古典经济学的观点，产出增长无非来源于三条路径——要素投入增加、要素组合方式改进以及技术进步。我国农村地区面积占国土总面积的 90%以上，但基础生产要素的丰富并没有为农村地区带来相应的经济回报。这暴露出两方面问题：一是农村经济内生增长乏力，即技术进步尚未很好地与农业生产结合，大部分农业生产仍游离于国际前沿技术之外，或技术创新并未聚焦农业"卡脖子"环节，没有从价值链的角度提升农产品价值，农业现代化有很大的进步空间；二是农村地区在要素组织或要素流转方面存在不足，典型的表现为劳动力素质整体不高、资本相对短缺、技术积累缓慢等，同时智力、技术、管理下乡通道尚不畅通，现代生产要素引入不足，难以形成"人地钱技"汇聚的良性循环。

农村市场上的供需问题，进一步引致生产结构与需求结构不相匹配，这也是我国在经济循环核心问题上的一个缩影。乡村振兴战略实施的关键之一，是通过巩固和完善农村基本经营制度、推进农业供给侧结构性改革、全面深化农村改革等路径，达到消除贫困、改善民生、逐步实现共同富裕的目标，其中蕴含着破解上述农村发展困境的思路。因此，农村农业的现代化是中国现代化进程不可或缺的重要环节，乡村振兴战略与中国式现代化在目标诉求、基本要求、路径选择上具有内在一致性。

（二）乡村振兴体现了基于中国国情的中国式现代化的中国特色

现代化进程中存在一些关于生产力进步、工业化的共同规律，但在世界范围内并不存在一个放之四海而皆准的现代化标准。选择怎样的现代化道路，呈现怎样的现代化图景，是由一个国家的国情决定的，成功的现代化一定是符合本国基本国情的。中国是一个人口规模巨大的国家，发展中不平衡不充分的问题在城乡之间仍然突出，这是在中国式现代化进程中不可逾越的历史阶段。

第一，以人民为中心的发展思想决定了城乡融合发展是实现中国式现代化的必要前提。中国式现代化是具有中国特色的现代化，在核心目标上与西方存在本质差异。西方资本主义的现代化是以资本增值、剩余价值绝对化为核心目标，重视生产力发展而忽略了生产关系，因而产生了收入不平等、国家贫富分化等问题。我国是一个人口规模巨大的发展中大国，这一国情决定了中国式现代化的生产力发展是以人民为中心的，即生产力的发展不是服务于少数人的利润目标，而是以满足广大人民对美好生活需要为目的，坚持全体人民共同富裕的历史使命。这意味着在现代化过程中，不仅面对着如何将蛋糕做大的生产力问题，也面临着如何分配蛋糕的生产关系问题。

改革开放四十多年来，中国通过市场化改革，农业生产率大幅提高，农村居民的人均可支配收入显著提高，但城乡收入差距仍是收入分配面临的重要问题，也是中国式现代化进程中的主要障碍。导致城乡收入差距的原因是多方面的，尽管现实中城乡之间的互动日益增多、分工逐渐增强，但现有制度难以与城乡融合的趋势形成呼应，体制因素是造成城乡收入差距的核心因素。因此，破除城乡二元体制，走城乡融合发展之路，是实现中国式现代化的必要保障与必经之路。这就要求以乡村振兴战略为核心，完善产权制度和要素市场化配置，清除阻碍生产要素下乡的各种障碍，实现工业反哺农业、城市支持乡村，激活乡村发展的内生动力，真正缩小城乡收入差距，形成城乡新发展格局，最终迈向共同富裕。

第二，乡村振兴战略与中国式现代化"并联式"的发展过程具有一致性。中国式现代化在发展路径上也与西方国家有明显差异。西方国家的现代化路径，多是通过工业化驱动政治、社会、文化的现代化，按照工业化、城镇化、农业现代化、信息化的顺序发展，从农耕文明到工业文明再到信息文明的过程用了两百多年的时间。作为后发国家，中国的现代化过程必然有着强烈的追赶目的。

因此，在具体道路上，也采取了工业化、信息化、城镇化、农业现代化叠加进行的"并联式"过程。其中，农业农村现代化是指传统农业生产方式、生产技术与组织方式的高级化过程，也是乡村社会整体变革的过程。"四化同步"的发展过程要求将农业的现代化问题放在与其他领域现代化同等重要的位置，并与这些领域协同发展。反观乡村振兴的五大目标，产业振兴是实现乡村振兴的首要和关键，由此也可以看出，乡村振兴战略也迫切要求在产业上形成新的产业布局与发展模式，也体现出其对现代化发展的内在要求。

(三) 数字乡村建设赋能乡村振兴推动共同富裕的中国式现代化

在中国式现代化的实现过程中，农村地区既肩负着实现赶超目标的国际共性特征，也面临着人口规模巨大、发展中不平衡不充分等具有中国特色的现实问题。回顾世界经济的发展史，历次科技革命的经验证实，大国崛起的关键在于把握重大科技革命带来的窗口机遇。当前，随着互联网、移动通信技术、大数据、人工智能等数字技术与经济社会的深度融合，数字经济已成为经济增长的重要引擎。因此，顺应时代发展，以数字乡村建设破解上述两个问题，成为全体人民共同富裕的中国式现代化的应有之义。

第一，数字技术与农村生产力的有机融合，有助于实现农村供需两端的高水平均衡。典型地，在企业或农户层面，数字技术与经济社会结合产生了诸如农村电商、直播平台、乡村智慧旅游等新业态，加之流通体系的逐步完善，通过激发多样化的需求，扩展了农村供给市场，提升了农民收入，又进一步提升农村消费水平。同时，诸如"数据+算力+算法"的数字技术组合模式在农业上的应用，实现精准化种植、可视化管理、智慧化决策，通过提升供需匹配效率、全要素生产率等途径，提高农业的供给质量，实现增产增收。可以看出，以数字技术为驱动的数字乡村建设，是实现扩大内需战略基点和坚持供给侧结构性改革战略方向的有机统一。

第二，数字技术的应用可以优化农村现代化治理水平，破除服务分布不均、要素流动不畅的问题。以互联网为代表的数字通信技术，有助于打破农民的信息壁垒，畅通群众沟通渠道，解决公共服务中的信息不对称问题。数字技术的应用，也为村民参与乡村治理开辟了新渠道，将逐步形成共建共治共享的现代基层数字治理新格局。

二、中国式现代化视域下乡村振兴促进共同富裕需重点破解的难题

(一) 农业农村现代化存在的短板依然明显

没有农业农村的现代化，就不可能更好地促进农民农村共同富裕取得显著进展。但是长期以来，我国农业农村现代化水平总体不高，尤其是我国农村人口多，人均耕地占有面积也明显不足。在这种情况下，如果不能

以机械化、科技化水平提升实现农业农村现代化，将直接影响我国农业生产力水平的提升，造成农业生产力效能低下，进而影响乡村振兴促进共同富裕取得实质性进展，也不利于增强我国农业产业的国际竞争力。

具体来讲，当前我国农业农村现代化发展水平不高主要体现在两个方面：

1. 农业现代化发展水平还不高

第一，农业科技现代化、机械现代化水平仍显不足。科技创新在赋予农业产业保值增值方面还存在不足，科技兴农战略的实施仍需持续发力，种业的培育等也需要科技创新。同时，农业机械化水平还不高，如大型农机具的使用等还未普及。

第二，农业产业化发展仍然不足。以乡村振兴战略助力走好全体人民共同富裕的中国式现代化，离不开乡村产业振兴。但目前乡村产业发展无论从规模上，还是从水平上均存在不足，大多停留在简单的农产品加工水平，缺少持续拓展农业产业化的体制机制。

第三，农地在经营上大多处于小规模、小块经营，甚至在很多地区仍然是单户的家庭经营，这种方式在一定程度上是与当前机械化水平不相适应的，也不利于提升农业生产力水平。

2. 农村现代化还存在明显短板

农村现代化是从生产关系层面推进的现代化，是现代化的重要方面，但目前农村现代化还存在着短板：

第一，在乡村生态建设方面还存在不足。如乡村的村容、环境等问题还一定程度地存在，一些农村地区的厕所卫生问题也需解决。

第二，乡风文明建设方面还有待推进。一些农村地区农民的思想道德水平等还有待提高，以适应新形势下农村现代化的新要求。

第三，乡村社会保障等基本公共服务水平还不高。当前农村的教育、医疗、养老等基本公共服务水平还存在明显短板，影响着乡村振兴战略的实施，进而影响农民农村共同富裕目标的实现。

第四，乡村治理现代化任重道远。如村两委干部的治理能力、工作积极性等方面还存在明显不足，如何调动村民参加村级事务的积极性以及增强村级事务的民主性等方面也存在不足。

(二)"三农"领域资源集聚不足现象仍然存在

以乡村振兴促进共同富裕取得更为明显的实质性进展，离不开各种资

源向"三农"领域集聚,但目前各种资源向"三农"领域集聚还存在明显不足。具体表现在:

一是人才资源流向相对发达地区的趋势越发明显。实施乡村振兴战略离不开优秀人才的支撑,即乡村人才振兴。但在市场经济背景下,各种人才资源具有趋利性,期望到工资待遇高、福利好和发展空间大的城市或者地区去发展,而农村由于交通、环境、政策、社会保障等因素的制约,长期面临吸引不到人才和人才流失等问题,即使是一些原本从农村走出去的大学生群体,在毕业后也不愿意回到农村发展。不仅缺少乡村振兴相关技术人才,也缺少带领农民致富的领军人才,成为乡村振兴战略实施的制约因素。

二是产业资源导入不足。目前各种产业资源也竞相向城市地区流入,造成农村的产业导入存在明显不足,难以支撑乡村经济发展。

三是经济资源流入不足。各种无息、低息贷款等难以流向农村地区,各类企业主体也难以在农村地区落户扎根。不管是国有企业还是民营企业,其作为市场主体,在市场经济条件下,既要展现责任担当,也需要凸显效益性,获得营利性发展。因此,如果农村的各种政策、环境等不利于其盈利,企业就不愿意到农村去投资兴业。

四是农村的基础教育、医疗、健康和休闲等基本公共资源的供给不足,不利于实现农民农村的共同富裕。

五是乡村的基础设施资源的投入不足。近年来,尽管农村基础设施建设有很大进展,但公共交通资源等方面还存在不足,新基建与城市也有很大差距。

六是农村社会保障资源投入需进一步强化。如农村养老院的建设标准、建设水平还存在明显不足等。

(三)农民增收渠道和收入水平还存在一定短板

全面建成小康社会和消除绝对贫困之后,相对贫困问题依然存在。而作为相对贫困主要群体的农民中还存在人口数量较大的低收入群体,这部分群体极易返贫,其主要原因在于其增收渠道不多或不畅、收入水平不高,具体表现在:

一是农民增收渠道单一,与科技含量高的行业收入差距大。农民主要从事农林牧副渔等收入不高的行业,即使到城市就业也主要从事建筑工人、餐饮服务员、工厂一线操作工等工资待遇不高的行业。农民增收的渠道单一,还表现在农业产业等农村经济的发展中还在一定程度存在未能将农民利益进行有效融入。如有的农村地区未能通过农民土地入股等方式实现收益分红，真正让农民在乡村产业发展中获得收益，如此将会造成新的收入差距，不利于农民增收。

二是城乡、区域间收入差距大。城乡、区域间发展不平衡不充分，不仅包括资源、社会保障、医疗等方面的不平衡、不充分，也包括收入水平的不平衡，如东部沿海地区、城市地区等居民收入水平明显高于中西部地区和农村地区。不仅东部和西部地区农民的增收渠道和水平存在差异，而且东部沿海农村地区居民收入水平和内陆农村地区居民收入水平也存在差距。中国式现代化是全体人民共同富裕的现代化，纵观百年来，中国共产党领导的经济治理历程就是不断探索治理效能如何彰显、如何更好地促进发展成果惠及人民的过程，因此必须通过实施相关政策措施以破解中西部地区和农村地区收入水平不高的难题。

三是农民增收动力不足。当前一定程度上存在的阶层固化、发展通道受阻等问题，使一些农民自身主动追求富裕的动力不足，这也一定程度影响了农民增收水平的提升。

三、中国式现代化视域下乡村振兴促进共同富裕的路径

（一）加快推动农业农村现代化

加快推动农业农村现代化，是中国式现代化视域下以乡村振兴促进共同富裕的重要战略路径，举措如下：

一是强化农业农村现代化系统性、精准性的顶层设计。一方面，在推动农业农村科技创新、经济发展、城乡对接、财政支持、银行低息无息贷款等方面进行顶层设计和规划引导；另一方面，做好引导高科技企业投资农业领域科技创新项目，助力农业农村现代化。同时，还应建立有利于乡村数字经济等新经济新业态发展的长效机制。

二是充分利用各农村地区的比较优势，构建现代化农业产业体系。一方面，应守住粮食安全这个基本盘，确保国家粮食稳产增产；另一方面，结合各农村地区农业资源的比较优势，大力发展现代化农业产业，推动农业产业结构调整，建立符合市场需求的现代化的农业产业高质量发展体系。同时，将当地农户与现代化农业产业体系的构建进行对接，确保在现代化农业产业体系构建中农民利益能够得到维护，助力农民农村共同富裕目标实现。

三是引入乡村产业竞争机制，对标国际化农业企业建设标准，打造现代化大型农业发展企业。建立有利于大企业带动小企业发展的新格局，农业大型企业往往在品牌、技术等方面占有优势，其辐射带动作用非常显著；农业中小型企业往往具有浓郁乡土特色，发挥大型企业对乡村中小微企业的带动、辐射作用，有利于培育知名乡土特色品牌，从而从整体提升农业农村产业的现代化发展水平，助力农业农村现代化和共同富裕目标的实现。在这一过程中应建立有利于各类企业公平竞争的体制机制，助力各类企业良性发展。对于发展能力较弱的乡村中小微企业应加快建立相关支持机制，给予其有效的政策、资金支持，推进中小微企业加快发展。

四是对标构建新发展格局的目标任务，积极培育畅通的农村循环大市场，这就在一定程度上倒逼农村产业加快转型升级，积极生产符合现代养生、绿色环保的农业产业，从而建立精准高效的农村产业供给体系。同时，还应加快推动农村城镇化建设，在农村集贸市场、物流枢纽中心、道路等方面加快建设步伐，为农村物流畅通提供保障，助力农产品等能够及时地运输出去，也保障各种消费品及时地供给农民群体，满足其美好生活需要。

五是大力发展新型农村集体经济，助力农业农村现代化。新型农村集体经济的发展，不仅有助于促进经济发展成果惠及农民，也能调动农民参与新型农村集体经济高质量发展中的积极性，推动农业农村现代化。

（二）加快构建乡村资源聚集新格局

针对城乡、区域间资源分配差距大等问题提出以下解决方案：

一是积极推进城乡、区域间无差别的一体化公共服务供给体系建设。从中央到地方均应加快推动养老、医疗、公共交通、社会保障、体育休闲等基本公共服务的供给力度。同时，对于属于非财政支持的准公共服务产品和非纯公共产品，应加大财政补贴力度，力争让负担不起的农民也能享受这些服务供给，从而助力满足农村居民美好生活需要，助力推进全体人民共同富裕的中国式现代化。

二是加快推进乡村组织振兴。应通过有效的制度设计，选聘能够留得住、适合农村发展的大学生群体担任村两委干部，实现乡村组织振兴。建立畅通化的村两委干部晋升机制，对于不能实现职务晋升的村两委干部，实行级别晋升，最高级别可以达到正处级待遇，如此可以解决村两委干部的晋升和职级问题，进而调动村两委干部参与到乡村振兴的积极性。同时，对于一些乡村企业，可探索村两委干部和村民共同入股的企业制度体系，调动村两委干部投入到创办和办好乡村企业的积极性，在解决村干部绩效待遇问题的同时助力村民实现富裕，从而形成良性循环，吸引更多优秀人才回乡担任村两委干部。

三是建立有利于乡村人才振兴的政策制度体系。一方面，应通过各种举措吸引优秀大学生、科技人员等到农村创业就业，国家在资金贷款、政策等方面予以支持；另一方面，加强农村人居环境建设，为留住人才提供环境保障，如在农村教育、医疗、饮水、卫生等各个方面应对标城市标准进行建设，加强农村环境治理，建设美丽乡村。

四是建立城市全方位带动支持乡村振兴的发展新格局。一方面，推动各种优质资源城乡共享，支持农村资源供给，科技人才、科研院所应积极服务于农业生产，以科技创新带动农村发展；另一方面，应建立城市结对帮扶农村发展的政策体系，建立常态化支持农村发展的体制机制，在帮扶对接中引导好乡村利用好资源，服务于乡村振兴。同时，还应积极推进进城务工农民的市民化，通过制定和实施有效的政策措施，解决其户籍、养老、医疗、子女教育等社会保障问题，使其能够享受和当地市民同等待遇。

五是建立科技资源向农村流动的政策体系。从中央到地方应建立有利于各类科技创新资源向农村流动的政策体系和体制机制。如，在农村大力发展数字经济等新经济新业态，以农村数字经济发展推动农业产业结构优化升级。政府不仅应建立有利于农村数字经济等新经济新业态发展的体制机制，还应为农村数字经济所催生的各行业发展提供便利化的发展环境。

六是积极引导国有、民营等各类企业加快到乡村投资。一方面，做好对这些投资主体权益安全的维护；另一方面，做好引导性政策的设计，如在税收、贷款、考核等方面给予这些企业提供倾向性政策支持。

七是建立从中央到地方的常态化向农村进行新型基础设施建设、财政资金倾斜、政策制度支撑等的综合性支持体系。一方面，加快在农村布局新基建，为农村数字经济发展提供基础支撑，缩小城乡之间的数字鸿沟；另一方面，建立财政支持乡村发展的体制机制和政策体系，确保乡村振兴有充足的财政资金。同时，建立有利于各种市场资源、生产要素等向农村流动的倾斜性政策支持体系，助力乡村振兴战略实施。

(三) 加快构建农民增收新体系

要想实践好实现全体人民共同富裕的中国式现代化的本质要求，关键在于在乡村振兴战略实施中促进农民增收，构建有利于农民增收的新体系，促进发展成果惠及于民。具体措施如下：

一是坚持社会主义基本经济制度，着力推动乡村振兴成果惠及于民。我国之所以能够促进发展成果惠及于民，根源在于坚持公有制为主体，而公有制为主体确保了共同富裕的实现成为现实。同时，在现阶段，坚持公有制为主体要求实行按劳分配为主，这样有利于鼓励农民在乡村振兴中通过勤劳奋斗实现富裕。在坚持公有制为主体的同时，允许多种所有制经济共同发展，充分发挥民营企业等其他类型企业在促进共同富裕中的作用。

二是缩小城乡之间、区域之间的收入差距，构建现代化收入分配新格局。全体人民共同富裕的中国式现代化是全体老百姓过上富裕的生活，而不是少部分、一部分人过上富裕生活。同时，共同富裕并不是平均富裕，平均富裕极易造成精神懈怠等问题，但是收入分配差距又不能过大，而是要保持在合理范围，并呈现逐渐缩小态势。具体来讲：

其一，在乡村振兴战略实施中既要凸显效率，又要彰显公平。让能力突出、又勇于干事创业的人成为较早过上富裕生活的引领者和示范者；让普通劳动者通过勤劳过上富裕生活；让没有劳动技能或者劳动效能由于自身身体原因不高者过上体面生活。

其二，发挥企业在慈善事业中的作用，积极参与乡村慈善事业投入，助力乡村困难群体过上富裕生活。

其三，坚持因地制宜原则，针对东部农村地区和中西部农村地区发展现状不同、存在的问题不同、农村产业基础不同等实施差异化的乡村振兴战略支持政策。如针对西部农村地区的特点，发展绿色农业、特色农业或农村旅游业等；针对东部地区农村离东部沿海城市近的特点，可以发展现代化农业、休闲农庄等，打造现代都市的后花园。通过实施上述措施，缩小城乡之间、区域之间的收入差距，形成城乡、区域间既凸显效率、又彰显公平的收入分配新格局。

三是深化农村土地"三权分置"制度改革，建立有利于促进农民增收的农村产权制度体系。保障农民合法权益，在土地流转中确保其收入增加，并建立允许农民承包经营权入股分红的制度体系，形成农民可持续的收入增长渠道不断拓宽的新格局。

四是建立农村集体经济惠及于民的政策体系。明晰各集体成员的权益范围、权益额度、股权流转等，确保农村集体经济发展成果能够惠及于当地农民，助力共同富裕目标实现。

五是加快农村养老保险制度改革，推动形成城乡一体化的养老保险制度体系。针对目前农民养老金不高等现实，应建立国有企业收益流向农村养老金账户的政策体系，解决农民消费的后顾之忧。

参考文献

[1] 曲青山. 共产党执政规律研究[M]. 北京：人民出版社，2020.

[2] 刘刚. 乡村治理现代化：理论与实践[M]. 北京：经济管理出版社，2020.

[3] 中共中央党史和文献研究院. 十八大以来重要文献选编（下）[M]. 北京：中央文献出版社，2018.

[4] 中共中央文献研究室. 十八大以来重要文献选编（中）[M]. 北京：中央文献出版社，2016.

[5] 中共中央文献研究室. 十八大以来重要文献选编（上）[M]. 北京：中央文献出版社，2014.

[6] 中共中央文献研究室. 改革开放三十年重要文献选编（上）[M]. 北京：中央文献出版社，2008.

[7] 成中英. 成中英文集（四卷本）：论中西哲学精神[M]. 李翔海，邓克武编. 武汉：湖北人民出版社，2006.

[8] 郭德宏. 中国共产党的历程（第2卷）[M]. 郑州：河南人民出版社，2001.

[9] 中共中央文献研究室. 建国以来重要文献选编（第9册）[M]. 北京：中央文献出版社，1994.

[10] 钟龙彪，王俊. 中国式现代化的生成逻辑、科学内涵与实践要求[J]. 观察与思考，2023（3）：45-52.

[11] 钟晓萍，于晓华. 中国式现代化道路下的农业发展逻辑、路径与政策选择[J]. 学习与探索，2023（1）：144-152.

[12] 张云霞，孙品. 中国式现代化的理论特质、系统结构与优化演进[J]. 学术探索，2023（4）：1-8.

[13] 吴大兵，吴昌红. 中国式现代化共同富裕的内涵及其实践路径[J]. 重庆三峡学院学报，2023，39（1）：1-9.

[14] 田祥宇. 乡村振兴驱动共同富裕：逻辑、特征与政策保障[J]. 山西财经大学学报，2023，45（1）：1-12.

[15] 王好童. 中国式现代化视域下乡村振兴战略的实践路径[J]. 经济研究导刊，2023（3）：17-19.

[16] 文魁. 中国式现代化的理论特质[J]. 前线，2023（3）：21-24.

[17] 张海洋. 中国式现代化进程中的乡村振兴：实践、短板及优化向度[J]. 经济学家，2023（4）：23-32.

[18] 曾璐，罗章松，苏雪芹. 中国式现代化视域下乡村振兴的现代审视[J]. 大连干部学刊，2023，39（2）：10-16.

[19] 陈心想. 振兴乡村教育 助推中国式现代化[J]. 中小学校长，2023（1）：7-10.

[20] 刘爱华. 准确理解中国式现代化道路的基本特征[J]. 奋斗，2023（6）：28-29.

[21] 陈健. 中国式现代化视域下乡村振兴促进共同富裕研究[J]. 经济体制改革，2023（1）：34-41.

[22] 刘小文，刘秀芳. 以中国式现代化引领乡村振兴[J]. 当代贵州，2023（7）：66-67.

[23] 刘变玉，马金海，黄飞灵. 乡村振兴背景下乡村旅游发展存在的问题与对策[J]. 现代农村科技，2023（2）：11-12.

[24] 李势鑫. 乡村振兴背景下乡村旅游发展问题与对策的研究[J]. 旅游纵览，2022（4）：143-145.

[25] 曾凡军，胡家俊. 整体性"有效治理"共同体：中国式现代化乡村振兴的治理逻辑与理路[J]. 中共云南省委党校学报，2022，23（6）：141-151，2.

[26] 邢占军，杨永伟. 论中国式现代化进程中的乡村振兴[J]. 中国高校社会科学，2022（5）：47-56，158.

[27] 史乃聚，杨卓，李海源. 析乡村振兴战略现实逻辑与实践路径[J]. 智库理论与实践，2022，7（6）：166-175.

[28] 蒋朝莉，肖有朋. 推进共同富裕与实现中国式现代化的关系刍议[J]. 乐山师范学院学报，2022，37（6）：119-124.

[29] 徐蕾. 试论实施乡村振兴战略的重大意义[J]. 公关世界，2022（19）：43-44.

[30] 刘剑. 农民现代化与实现中国式现代化的关系研究[J]. 农村经济与科技，2022，33（24）：8-10，61.

[31] 武力. 略论新时代中国式现代化的经济内涵[J]. 马克思主义理论学科研究，2022，8（12）：28-36.

[32] 管宁. 人类文明新形态的民族文化叙事——中国式现代化新道路的文化旨归[J]. 学习与探索，2021（9）：2，10-21.

[33] 吕方. 乡村振兴与中国式现代化道路：内涵、特征、挑战及关键议题[J]. 杭州师范大学学报：社会科学版, 2021, 43（05）: 98-105.

[34] 尹杰钦, 滕茜茜, 聂川. 新时代人民美好生活需要：依据、维度及特点[J]. 湖南科技大学学报：社会科学版, 2021, 24（1）: 166-173.

[35] 赵秀玲. 乡村治理与中国式现代化[J]. 东方论坛, 2021（3）: 1-13.

[36] 王岩, 吴媚霞. 中国式现代化新道路与人类文明新形态的内在逻辑理路[J]. 思想理论教育, 2021（11）: 12-19.

[37] 刘卓红. 全面认识中国式现代化新道路之"新"[J]. 人民论坛, 2021（24）: 12-15.

[38] 郭晗, 任保平. 中国式现代化新道路的世界意义[J]. 国家治理, 2021（37）: 2-6.

[39] 王进芬. 列宁"人民至上"的价值观及其当代意义[J]. 马克思主义理论学科研究, 2021, 7（6）: 74-82.

[40] 王永中. 碳达峰、碳中和目标与中国的新能源革命[J]. 人民论坛·学术前沿, 2021（14）: 88-96.

[41] 黄相怀. 中国共产党的领导与中国现代化进程的有效推进[J]. 当代世界与社会主义, 2020（2）: 82-88.

[42] 陈健. 新时代乡村振兴战略实施的现实逻辑与实践路径研究[J]. 中国农村研究, 2020（1）: 217-229.

[43] 刘儒, 刘江, 王舒弘. 乡村振兴战略：历史脉络、理论逻辑、推进路径[J]. 西北农林科技大学学报：社会科学版, 2020, 20（2）: 1-9.

[44] 戚万学, 刘伟. 乡村教育振兴的内涵、价值与路径[J]. 国家教育行政学院学报, 2020（6）: 21-28.

[45] 罗兴刚, 成中英. "世界哲学"的本体诠释——中国哲学的世界性与世界化[J]. 晋阳学刊. 2020（5）: 3-9.

[46] 刘丽敏. 社会主义现代化道路的中国特色与世界意义[J]. 红旗文稿, 2019（8）: 12-13.

[47] 董向东. 产业振兴是乡村振兴的基础[J]. 甘肃农业, 2019（2）: 49-52.

[48] 陈秧分, 王国刚, 孙炜琳. 乡村振兴战略中的农业地位与农业发展[J]. 农业经济问题, 2018（1）: 20-26.

[49] 陈秋强. 乡贤：乡村治理现代化的重要力量[J]. 社会治理, 2016（2）: 115-119.

[50] 韩俊. 农业供给侧结构性改革是乡村振兴战略的重要内容[N]. 中国经

济时报，2017-11-21．

[51] 常晓慧．中国式现代化的新时代内涵研究[D]．赣州：江西理工大学，2022．